社会科実践の追究

佐藤正寿 監修

宗實直樹 編著

石元周作 編著

中村祐哉 著

近江祐一 著

東洋館
出版社

はじめに

　古書は先人との出会いであり，先人との対話である。

　私が古書に興味を持ち出したのはいつごろでしょうか。きっかけは，私の
所属する研究会「山の麓の会」の『歴史人物エピソードからつくる社会科授
業42＋α』（明治図書出版）の執筆のため，2019年の初夏に山口康助の『人
物・物語を重視した歴史学習』を手に取ったことと記憶しています。また，
「新学習指導要領を読み込む会」（詳細は巻末）を2018年 5 月30日 から始め，
約一年間かけて「学習指導要領解説社会編」を読み込みました。全ページを
読み終えた後，2019年 7 月から社会科の本質的な部分を見ていこうと考え，
古書を中心に読み込むようになりました。森分孝治の『社会科授業構成の理
論と方法』が一冊目でした。つまり，必要感や問題意識が同時に高まってい
た時期に読み始めたということです。

　古書から学ぶことは非常に多く，今でも色褪せない実践や理論が凝縮され
ています。逆に，今だからより新しく感じるものもあります。先人の理論や
実践から学び，今の授業や教育につながるところを見出していこうと考えま
した。古書の魅力に惹きつけられました。古書を買い漁り，貪るように読み
ました。

　それから一年後，古書から得た学びをまとめようと考えました。2020年12
月13日に題を「古書から学ぶ社会科教育」とし，次のようなメモを残してい
ます。

（内容）
・「古書」から学び，新たなや実践を見出す
・執筆者と古書との出会いやエピソード
・古書の内容，分析，価値
・古書から得た学び
・古書の紹介だけに終わらずに今の授業づくり，社会科教育のあり方につなげ

る

　当時の構想と大きくは変わらず，本書は決して古書を紹介するだけの書籍ではありません。古書を通じて，社会科教育とは何か，社会科授業とは何かについて言及した一冊です。つまり，社会科実践の追究です。

　世代を超えて続く知識の共有の一環として，私たちは無限の可能性と喜びを体験しています。古書は過去の知恵と文化を体現し，現代の教育において非常に貴重です。本書では，古書が教育にもつ価値と，なぜ私たちが古書に魅了されるのかを探究し，その魅力を共有したいと考えます。

　古書は単なる古い本ではなく，過去の知識と洞察が詰まった宝庫です。古書を読む意味は知識の増加だけでなく，ページをめくる行為が想像力や批判的思考を刺激し，新たな視点を提供する点にもあります。古書を読み解くことは，教育者としての鋭敏な観察力や深化する学びの姿勢を育む機会であり，過去の知恵との対話から，現代の教育課題に新たな洞察をもたらす機会でもあります。本書では，古書を理解し，実践に活かすためのアプローチや方法を提案します。

　第１章では，「『古書』をとらえる構え」として古書を教育者が探究する意義に焦点を当て，５つの視点でまとめています。また，古書の見方や読み方を通じて教育者の観察力や学びの姿勢を深める方法を探ります。

　第２章では，具体的な社会科の古書を紹介し，それぞれの古書が提供する視点や示唆について掘り下げます。内容は「本書について」「本書の価値」「本書から得た学び」という構成になっています。古書の概要や，執筆者がどこに価値を見出したのか，どのような学びを得て何をどのように今に受け継ぐべきかなどを詳細に述べています。これによって，古書のどの部分をどのように授業や実践に活かせるのかを明らかにします。

　古書の選定は大いに悩みました。2022年６月に挙げた候補書籍が総勢87冊ありました。その中から今回は22の書籍を挙げています（巻末の「候補書籍一覧」では，その残り65冊を紹介しています）。今の社会科授業や実践に役

立ちそうな点や，今の社会科にこそ必要だと感じている点で選定したのはもちろん，できるだけ全体のバランスをとること，かつ執筆者の個性と思い入れ等を加味しての選定となりました。

　それぞれの古書を大きく5つに分類しました。「初期社会科」「授業実践」「方法論」「内容論」「子ども理解」です。「初期社会科」として2冊，「授業実践」として2冊，「方法論」として6冊，「内容論」として9冊，「子ども理解」として3冊を紹介しています。「内容論」の中から「教材」を独立させた方がよいのか，「発問」というジャンルで分けた方がよいのかなど，分類も悩みました。前から順に読んでいただいても構いませんし，興味のあるジャンルから読んでいただいても構いません。それぞれの読み方をお愉しみください。また，それぞれのジャンルの内訳は年代順に並べています。年代を追うだけでも見えてくるものがあります。「古書」から得る22の学びの種を味わっていただけると幸いです。

　巻末では，「古書の世界への誘い－『社会科の本を読みこむ会』の軌跡と展望－」とし，古書を共に読み解く場の歴史に焦点を当てます。古書を読み込むきっかけにもなった「社会科の本を読み込む会」がどのようにはじまり，どのように行われてきたのか，記録も含めて詳細に記しています。古書を通じて教師同士の交流や知識の共有が行われ，過去からの学びを未来へと継承し，新たな教育の地平を切り拓く一助となることを提案します。

　以上が本書内容の概要ですが，本書完成までの道のりは平坦なものではありませんでした。その過程において，チームとしての協働活動が不可欠でした。前著『社会科教材の追究』と同じく，異なる専門性や経験をもつチームメンバーが集まり，古書の魅力について熱く語り合いました。それぞれ読んできた古書はちがえども，お互いの「授業観」や「教育観」，「社会科実践観」等は知り尽くしているメンバーです。執筆に関してはお互いの原稿を何度も読み合い，一貫したものにしています。共に古書に触れるたび，厚い歴史の積み重ねを感じ，古書のページをめくる手には，先人の知恵と未来への願いが宿るように感じました。本書は，その成果を表現するものであり，古書と共に歩み，未知の世界へと飛び出す魅力的な旅への招待状になったと自負し

ています。

　古書は先人との出会いであり，その多くの出会いが読者の学びを豊かにし，子どもたちの成長を支える力となります。古書との対話は，新たな知識や洞察をもたらすとともに，「授業観」や「教育観」，「子ども観」などをアップデートし，教育者としての自己成長を促してくれることでしょう。古書の魅力に触れながら，本書を通じて読者の皆様の理論や実践がより深くより豊かになることを期待します。共に歩み，新たな発見や感動を得ながら，教育の可能性，社会科実践の可能性を広げていく喜びを分かち合いましょう。

2023年11月

宗實直樹

Contents

第 1 章

「古書」を
とらえる構え

古書を教師が探究する意義

1 本書における古書とは

　古書とは，すでに絶版になり，一般書店では入手が不可能な本のことを一般的には指します。1990年代までは，かつて発刊された教育書を入手するには古書店（古本屋）が中心でした。文献を研究するのなら国会図書館や大学図書館で探すという方法もありましたが，個々人が入手すること自体は難しいものでした。

　しかし，インターネットの出現によって状況は大きく変わりました。かつて発刊された絶版になった教育関係の書籍群が，インターネット上の書店やオークションで売買されるようになりました。高価なものが多いのですが，「かつての名著から学びたい」という教師たちにとっては，それらの古書は魅力的なものになっています。数十年前の理論や実践から，深い考え方やスケールの大きい取り組みを学ぶことが，容易になりました。

　教育関係の古書から学ぶことは，単に教育に関わる理論や実践の歴史を知るだけではなく，現在自分たちの教育実践を見直すことにつながります。さらに深く探究することで，新たな実践を生み出す貴重な参考文献にもなると考えます。その点では現在でも古書の存在は大きいと言えるでしょう。

　しかしながら，読者にとって古書のイメージは，一人ひとり異なると推測します。例えば，ベテラン教師にとっては古書の著者から直接学んだという人もいるでしょうし，若手教師にとっては1990年代の書籍は自分が生まれる前の実践と感じることでしょう。そこで本書では，そのイメージをある程度揃えるために，古書の対象を「20世紀の社会科教育を中心に教育界に影響を与えた書籍」としました。ここでは絶版にされず，現在も発行され続けている書籍も含めています。

2 古書を探究する意義

　教師が古書を探究するには，どのような意義があるのでしょうか。本書で示されている社会科教育に関わる古書の例をもとに，5つの視点から述べます。

■ 研究や実践に関わる歴史を知ることができる

　ある問題に対して解決策を考え，話し合いによってより望ましいものを選択・判断する実践が，社会科では見られます。自ら課題を見つけ，主体的に判断する資質・能力を育成することは，これからの社会で生きていく子どもたちにとっては重要なことです。例えば森林保護というテーマで，自分なりに考えたことを子どもたちが提案する形の授業です。子どもたちが合理的意思決定をする授業といえるでしょう。

　このような授業研究はいつごろから始まったのでしょうか。また，広まった背景には何があったのでしょうか。日本社会科教育学会編の『新版社会科教育事典』(2012) によると，もともとアメリカ合衆国における市民的資質を育成する社会科の方法原理として提唱されていた理論が1970年代から1980年代初めに導入されたのが，日本での研究の始まりでした。やがて，1980年代から1990年代にかけて日本型の合理的意思決定学習が構想されるようになり，例えば「新しい問題解決学習」(今谷順重)，「合理的意志決定学習」(岩田一彦)，「提案する社会科」(小西正雄) といったキーワードで広がっていきました。

　このように研究や実践の歴史，あるいはそのルーツを辿っていくと，もともとその研究や実践で目指していた当初の目的が理解できます。これは自分が実践する際の目標の明確化にもつながります。また，テーマに関連する古書を読んでいくうちに，自分なりに開発したと思っていた実践と似たものが，すでに先人によって行われていたという場合もあります。当然のことですが，歴史を知るということは，このように先行研究を知るということにもなるのです。

■時代と実践の関わりを考えることができる

社会科はその時代によって，学習内容が異なっています。現在学習する内容の例として，例えば5年生の産業学習は，かつては農業・水産業や工業が中心でしたが，1989年の学習指導要領の改訂によって運輸・通信などの産業も扱うこととなりました。この内容はその後の変遷を経て，現在では「我が国の産業と情報の関わり」を扱うことになっています。このことは，時代の変化と社会科教育が密接な関係にあることを示しています。

社会科教育に関わる古書には，その時代背景に即した実践が書かれています。例えば江口武正による5年生の「耕地整理」の実践は，1954年に行われたものです。自分たちの村の耕地整理に関わる当時の実社会の課題に対して，その解決のために子どもたちが3ヶ月にわたり取り組んだものです。

各学年における学習内容も時数も決まっている現在では，このような長期かつ内容を焦点化した実践は難しいのですが，「現在の実社会に関わる課題」について考えるという点では学ぶ点が多いと思われます。古書を辿ることにより，各時代で子どもたちがその時々の課題といかに向き合ってきたか，理解することができます。それは各時代と実践との関わりを考えることにつながります。

■教育実践というバトンを渡すことにつながる

1970年代から筑波大学附属小学校に勤務された有田和正は授業名人といわれていました。担任時代には「有田学級を参観したい」という教師が全国各地から訪れました。そのような授業名人が若いときに，衝撃を受けた授業がありました。奈良女子大学文学部附属小学校（当時）の長岡文雄です。そのときの様子を有田は「五分もたたないうちに，脳天をぶんなぐられたような強いショックを受けた」と述べています。この授業との出会いから有田の授業は変わっていきます。

授業名人の若いときのこのようなエピソードを読むと，教師としての生き方を学ぶことができます。自分自身の力を高めるために，様々な学び方をして自分自身を変えていこうとしている姿…それはまさに「学び続ける教師」を体現していると言えるでしょう。

その有田から学んだ全国の教師は数多く存在します。若手教員時代に実際

に有田学級を参観した先生方で，ベテランとして後進にそのすばらしさを伝えている人は少なくありません。それは「教育実践」というバトンが長い年月を経て渡されるようにも思えてきます。

　古書を探究することも，バトンを渡すことの一つと言えます。読み手が過去の様々な優れた実践を知り，そこで得た内容を何からの形で示したり，授業の中で実践したりすることで，実践からの学びは他者に伝わっていきます。このように先達の教育実践が，時代を超えて受け継がれていくのです。

■優れた実践家の子ども観・授業観を知ることができる

　子ども個々を見取る著名な実践家に築地久子がいます。1980年代に上田薫の指導のもと，静岡県の安東小学校を中心に研究をリードしました。

　その授業スタイルは授業の冒頭から特色があります。例えば，授業における第一発言者及び行動者は，子どもを原則としています。また，本時の学習問題を黒板に書くのは，書きたい者及び書かねばならぬと思った者が書くという形になっています。日本で現在も実践されている社会科授業の多くは第一声が教師の働きかけから始まり，学習問題は子どもたちから発言されたものをベースにしてはいますが，ほとんどは教師が板書します。また，授業中でも話し合いの過程で自由に席を移動したり，教室内の備品を自由に使ったり，困ったときには友達や教師に相談したりという学習方法は，今でこそ個別最適な学びを意図した学習形態で見られるようになっていますが，当時は斬新なものでした。

　このような学習方法に至るには，教師の子ども観が実践の背後にあります。築地は，どの子どもも，「自分も結構やれるじゃないか」と思うようになることを願っていました。そのような子どもたちに育てるためには，教師自身に個を見取る目が大切であり，授業での子どもたちの様子をより重視して観察していくことが必要になります。実際に築地は，個々の考えはもちろんのこと，友達の発言から変容した子どもの様子や逆に発言できない子の理由も考察し，そのうえで次の授業を構想しました。先のような学習方法は，その結果として辿り着いたものといえるでしょう。

　優れた実践には，このような子ども観・授業観とその土台づくりが存在します。古書からそれらを発見していくことが，古書を探究する魅力の一つと

いえます。

■古書から触発され，実践をつくり出す

　本書には古書から得た学びを基にした私たちの実践も記されています。教員である私たちが刺激を受ける場はいくつもあります。校内での研究授業，各種研究会への参加は教員自身の実践力を高めることにつながります。また，自分でテーマを決めて関連する文献を集めて情報を得ることで，研究への意欲も高まります。

　そのような中で古書から得られる刺激は特別なものがあると考えます。

　その理由として，その古書が高い評価を受けている書籍であるということがあげられます。ここで選ばれている古書は，例えば社会科教育の分野で特色ある実践として評価されていたり，その理論が実践者に大きな影響を与えていたりしたものです。また，その実践が学術研究の場で分析され，それが論文化されているものもあります。その点で，古書に書かれている理論や実践は社会科教育を志す者にとっての一つの到達点と言えるでしょう。

　また，ここに示している古書はいわゆる教育実践のハウツー本ではありません。古書の１ページ１ページに著者の考えが詰まっています。数行の文章に「どのような意味だろう」と考える場合もあります。読んで難関な部分があっても，いったん「ここはこう考える」と自分なりに解釈をすることで著者と書籍上で会話をしたような学びを得ることができると思われます。

　自分の目指すべき実践目標があり，古書から得た自分なりの考えがあれば，実践への道は開けます。そして，実践の計画を立てる際，よりよい実践をするために必然的に何度も古書を読み返すこととなります。例えば，単元構成や教材の準備，授業における発問を考えるときに，古書の理論や実践と照らし合わせ，「自分には何が足りないのか」「この点で工夫したがそれは適切なのか」といったことを自問自答することでしょう。この過程で新たな実践がつくり出されるのです。

3 個々人で意義はちがってよい

　５つの視点から，教師が古書を探究する意義について述べてきました。古

書を読むきっかけは一人ひとり異なると思われます。自分の実践に少しでも先達の知見を役立てたいという人もいるでしょう。また，現在広がっている教育方法の研究を進めていて，そのルーツを辿りたいという場合もあるでしょう。過去の実践に対して学ぶだけではなく，自分の批判力を高めたいという人もいるかもしれません。

　きっかけは何でも構いません。古書を読む際に，最初の目的はもちろん，ここに示した様々な視点で探究することで，一人ひとりの学びは深まります。そのことが結果的に各自の理論や実践を豊かにすることにつながります。

　その点では，古書を探究する意義は個々人で異なっていてよいのです。

（佐藤正寿）

〈引用・参考文献〉

日本社会科教育学会編（2012）『新版社会科教育事典』ぎょうせい

江口武正（1956）『村の五年生』新評論社

有田和正（1988）『社会科発問の定石化』明治図書出版

築地久子（1991）『生きる力をつける授業——カルテは教師の授業を変える』黎明書房

古書を辿る旅
―古書の見方・読み方・考え方―

1 古書の何を見るのか

■先人の知恵を見る

「名著」といわれる書があります。それは何年経っても変わることのない不易の内容が記されている書のことです。そこから得られる知恵は計り知れません。古書に書かれていることが今言われていることと大いに重なるときがあります。そのつながりを発見したときに，今，自分は何を大切にするべきなのか，どのように具体的に実践にうつしていくべきなのか，アイデアが湧くことがあります。思考やひらめきのきっかけになることがあります。つまり，古書を辿ることは，先人の知恵に敬意をもち，自分自身の学びの現在地を確かめ，未来を創造することにつながります。

■息づかいを見る

また，古書を読んでいると，その時代の息づかいを感じることがしばしばあります。その当時の熱い想いやその時代背景を踏まえた考えが垣間見られることも多いです。

今では個人情報等で明記することが難しい子どもの名前や子どもの発言内容，記録など，当時の様子が蘇ってくる書も少なくありません。すべてではありませんが，子どもたちの具体，子どもたちの声が聞こえてくるのも古書のよさだと感じています。

■源流を見る

多くの古書に触れてきましたが，今行われているものの9割以上の実践は先人たちが生み出したものであると感じています。

目の前の子どもたちの成長につながる実践はどんどん真似してよいと思います。素晴らしい先行実践に基づいた教育はよりよい社会をつくっていくと

確信しています。一方で，そのような素晴らしい先行実践という礎があるからこそ，私たちがよりよい教育ができるという事実を知るべきです。また，先人たちの血の滲むような努力と研鑽に敬意を示したいと強く思います。

　実践を支える理念や先人の教育観，生き方を探ることをしなければ，優れた理論や実践も形だけの継承にとどまってしまったり，歪んだ形で継承されたりする恐れすらあると感じます。先人がつくりあげてきた文化遺産をよりよいものにして，後生に引き継いでいく責任が我々にはあると感じています。そのために，源流を辿ることが必要です。

■年代を見る

　その書籍が著された年代を見ることはとても重要です。どの年代に何が主張されているのか，どのような人たちとつながっているのか，年代から見えてくることは多々あります。

　年代によって時代背景が大きくちがいます。特に社会科はその時代の政治や社会の状況から大きく影響を受けます。それらを踏まえながらその時代にどのような論や実践が展開されていたのかを見ることで感じられるものも多いです。

　また，同じシリーズものや，同じ著者の書を年代順に並べていくと，考え方の変遷や，年代がちがっても変化しない筋の通ったものがあることを知ることができます。

　年代を見ていくことで，概観する眼が養われます。

■古書同士のつながりを見る

　多く引用される人物や実践があります。その際，どの書籍とどの書籍がつながっているのか，どのように引用されているのか，なぜその書籍で引用されているのかを見るようにします。そうすることで，引用した意図や理論や実践のつながりが見えるようになってきます。

　どことつながっていたのかをすべて覚えるのは難しいです。ですので私は，**図1**のように書籍に付箋をつけて記しています。そうすることで，つながりのある書籍に辿り着けるようになります。

もちろん，古書同士だけでなく，現行の書籍の中でも多く引用されている書もあります。書の中でどのように引用してつなげているのかを見ていくことも必要です。

■ 参考・引用文献を見る

　多くの書に参考文献が記されています。当時の著者がなぜその文献を参考にしたのか，どのような書に影響を受けたのか，何を基に論や実践を展開しているのかを知ることができます。その参考文献を辿りながらさらに関心のある書

図1　書籍に付箋を貼る

を見ていくことができます。つまり，古書を読むという行為は，終わりのない知の旅に出ているようなものです。

　参考文献や引用文献があれば，読者は辿ることができます。そして，何がオリジナルなのか，その実践と自分の実践のどこがちがうのかを検証しながら実践することができます。そうすることが，優れた授業技術，授業文化の継承になります。これは，今目の前のことだけを考えているのではなく，後々に継承しながら未来の教育のためになっていることを強く感じています。生み出し，継承してきてくれていることへの敬意をもつことが，我々実践者に必要なことではないでしょうか。

2　どのようにして読むか

■ 「まえがき」「あとがき」「目次」を読む

　最初に，「まえがき」「あとがき」を読みます。そこに著者の想いが多く記されているからです。次に目次に目を通します。このときに本の読み方の90％が決まります。目次の気になる箇所から読むのか，全体をざっと速読するのか，はじめから詳細に読み進めるのか，本棚に戻して置いておくのか，自分の読み方を判断します。はじめからすべて読むものだという固定観念を外していく方が楽に自由に読めます。

■全体と部分を読む

　速読するときと，精読するときがあります。速読する際は，自分が今キーワードとしている言葉等がでてこないかと眼を光らせて読みます。例えば「主体的学習」や「見方・考え方」などです。その言葉が目に入ってきたときには立ち止まって読むようにします。印をつけ，付箋を貼っていきます。

　精読するものは，実践記録や子どもの記録を読むときが多いです。物語的に読むという感覚です。

■書きながら読む

　「貴重な古書なのにもったいない…」と思われるかもしれません。これは人によりますが，私はどんな高価な古書でもどんどん書き込んでいきます。本の中の文章からつなげたり自分の考えを広めたりするからこそ意味があり，本の外に出て記述すると，一旦離れてしまう感覚があるからです。たいていページの上か下に余白があるので，そこにメモ書きをしながら読み進めていきます。本を読むというよりも，本に記していくという感覚です。

　私は古書を買ったときに，以前の所有者が書き込みしている跡があるものもけっこう好きです。「なぜこの人はここに線を引いているんだろう」「このメモ書きの意味はなんだろう？」と，見えない他者と対話しながら読むというちがった愉しみがあるからです。

　本に書き込むことに抵抗がある方は，付箋を表紙の裏に貼っておき，そこにメモを記していくという方法もあります。

　いずれにしても，書きながら読むからこそひらめいたり，新たなアイデアが思い浮かんだりすることが多いです。

■書くために読む

　原稿を書いたり，レポートを書いたりする際に読みます。特に自分自身の論の裏付けをしたり，説得力のあるものにしたりするために，書籍内容を引用します。どこを引用するべきか探しながら読みます。

■考えるために読む

　思考するきっかけにするために読みます。しかし逆に，考えるためにすべ

てを読まないという選択肢もあります。すべてを読む時間があれば，その分考える時間を増やすということです。少しの考えるきっかけを得ることができれば，後は考える時間を増やすという発想です。

梅棹忠夫（1960）は『私の読書法』の中で「これからはもっと読書を制限しようと思っている。くだらない本のために，行動とおしゃべりの時間がへってはたまらないと思うからである。」と述べます。行動上の課題解決のために本を活用するという考え方です。私は，自分が考えたいと思っているテーマの本があれば迷わず購入します。少し読んで考えるきっかけや行動のきっかけができればそれに越したことはありません。

「本を読む」ということで自己満足で終わってしまっていることもあると感じます。大切なのは考えることと行動することです。それが創造的な読み方なのではないでしょうか。

■ 再読する

再読することで多くの気づきが得られます。再読する本は，だいたいその都度線を引く部分が変わります。その変わった部分を見ていくことがおもしろいです。なぜ変わったのかを考えることで，自分自身と向き合うことができます。しかし，数年前に読んでいても線を引く部分が大きく変わらないものもあります。そこが「不易」の部分なのだといつも感じます。

再読した際の気づきを増やすためにもやはり線を引いたりメモをしたり付箋をつけたりという行為が重要になります。本を活かそうとする感覚です。

ちなみに私が本を読むときにつける付箋は**図2**です。

理由は以下の通りです。
・小さいので本の文字が隠れない
・胸ポケット等に簡単にしまっておける（そのまま洗濯してしまったら悲惨なことになります…）
・色が豊富。この「色が豊富」なのがけっこうポイントです

図3のような感じになりますが，色によって重要度を表しているわけではありません。色のちがいは，「読んだ時期」です。つまり，色を見ることで

そのときに何が自分の心に残っているのかがよくわかります。何気ないことですが，古書を愉しむ一つのコツだと思っています。

図2　小さい付箋

■読むために置く

古書の多くは，今の教育書のようにイラストが多かったり文字のサイズが大きかったりするものはほぼありません。小さい字でびっしり書かれた書籍がほとんどです。年代によっては旧文字で読みづらい本や，あまりにも難解すぎる本もあります。1頁の文字数も多い上，500頁以上ある書籍もあるので，すべて読み終えるのに相当な時間を要します。

前述した通り，すべて読もうとは思いません。読むというより，探すという方が適しているかもしれません。

図3　色ちがいの付箋

以前は，本は全部読んでしまわないともったいない，なんとなく全部読まないと気がすまない，というような感覚でした。購入した本を読めていない自分が嫌になることもありましたが，それもなくなりました。

しかし，すべて読み切ってもほぼ覚えていないことが多いです。ですので，必要だと思う箇所をねらってとっていくような感覚が必要だと感じました。読みたい本をすべて読むのは，今の私の生活時間の使い方を考えても絶対に無理です。本から完全に知識を得ようとするのではなく，いつでも知識を取り出せるような状態にします。ですから，本はすべて本棚に並べます。「本棚に知識を置く」というような感じです。

何か原稿を書いたりするとき，ふと気になることがあったとき，何か関連して考えたいとき，そのときに本棚から本をさっと取り出します。そして書かれている内容を紐付けます。より実証性の高さになることを確認したり，そこからまた新しく思考したりするようにします。

本棚の存在は重要です。買う本も大切ですが，それと同時に本棚の選択や設置場所もとても重要です。しかし，本棚のスペース，そして本棚を置く部

屋のスペースには限界がある…。これが次の問題となります。

■ 空間を確保する

　本を読むことは教師の「観」や
「技」を高めるためには必須です。
そのためにも，身近に本が存在する
状態をつくることです。空間を確保
し，本棚を置くことで本の居場所を
つくります。

図4　本棚と背表紙

　渡部昇一（1976）は，

> 「自分の周囲を，身銭を切った本で徐々に取り囲むように心がけてゆく
> ことは，知的生活者の第一歩である」
> 「知的生活には空間との闘争がある」

と述べます。

　もちろん人によって住居の空間等がちがうので一概には言えませんが，本
による効果を高めるためにはまず本棚を置ける状態にします。

　本棚があるとよい理由の一つは，図4のように背表紙が見えることです。
背表紙を眺めるだけでも気づきがあり，「ひらめき」が起こりやすくなりま
す。見えているものがちがえば，思考もちがっていきます。

　図5のように本棚の中にも空間をつくっておくことが重要です。窮屈な本

棚は，脳と心も窮屈にしてしまいます。

　また，空間があることで新しい本を置く余裕ができます。成毛眞（2018）はその空間を「自分の成長の余白の象徴」と呼んでいます。その空間にどのような本が入ってくるか，それが自分の成長につながるのだということです。しっかり新しい本のための空間を残しておくということは読書をするだけでなく，自分の成長にとっても非常に重要なことです。

■ 共同で読む

　古書を仲間と共に読み深める愉しみもあります。今，「社会科の本を読み込む会（以下，読み込む会）」を月に1回，オンラインで行っています。元々，社会科の学習指導要領解説が改訂される際，それを読み込む必要性を感じて本書の編著者の石元氏に声をかけたことがはじまりです。学習指導要領解説を各章ごとに読み込んでいきました。その後，社会科の古書を中心に読み合うようになりました。より多くの方の考え，解釈，視点に触れることができ，読みが深まります。

　読み込む会の概要や軌跡等の詳細は，巻末に記しています。ご参照ください。

図5　本棚の中の空間

■ いつ読むか

　私の場合は，1日に4つのジャンルの本を読むことが多いです。行きの電車では原稿を書いたり自分の問題意識を高めたりすることにつながる本。帰

りの電車は疲れているので小説やエッセイ。トイレではビジネス書やアート関係の本。朝は学術書や古典的な本です。古書は朝や電車の中で読むことが多いです。

　私の場合は行き帰りの電車で30分，朝やトイレの時間を合わせて30分。1日1時間の読書量は確保している感じです。

　「忙しくて読書する暇がない」という言葉をよく聞きますが，読書をしないからむしろ忙しくなるという考え方もあります。読書をすることで心と精神が安定し，多忙であっても多忙感が少なくなったり，読書をしているからこそ発想やアイデアが思いついたりすることが多くあります。結果，効果的に時間を使っていることになります。読書量の確保は，常に身近に本がある状態をつくり，スキマ時間をうまく使うことが重要です。鞄の中には常に一冊は本を入れておきます。

　あとは，先述したように，書くときに読みます。古書に限らず，日常的に読む時間を確保するのは重要です。　　　　　　　　　　　　（宗實直樹）

〈引用・参考文献〉―――――――――――――――――――――――――
梅棹忠夫（1960）「行動中心の読書」『私の読書法』岩波書店，pp.57-66
成毛眞（2018）『ズバ抜けて頭がいい人の「本棚」は何が違うのか』三笠書房
渡部昇一（1976）『知的生活の方法』講談社

「古書」の探り方のあれこれ

「古書」について，それほど重要ではないかもしれないけれど，ちょっと気になりそうな話をお届けします。

1．「古書」をどうやって入手するの？

■どこで探すのか
「そんな本，どこで手に入れてるの？」とよく訊かれます。
私の入手パターンはほぼ決まっています。

①　Amazon検索
②　「日本の古本屋」サイト
③　オークション
です。

　まずはAmazonで検索。そこにもないものは，「日本の古本屋」サイトで調べます。オークションサイトも「掘り出し物」が出てくる可能性があるのでおすすめです。たまに古本屋で直接見つけるときもあります。常にアンテナを高くして探し続けることで見つかるものが多くあります。ある意味，「宝探し」と同じような感覚ですね。
　ただ，気をつけていただきたいのは，ネットには不正なサイトがあります。私も一度，入金したけど商品が届かないことがありました。オークション等の情報をそのままコピペして同じ画像，同じ文言で別サイトにて販売しているパターンです。最近多くなっていると感じているので，くれぐれも気をつけてくださいね。高価な書籍ほど，犠牲になっている場合が多いです。みんなで健全なる知の財産を守りましょう。

■「芋づる方式」で見つかる

　論文や書籍の巻末に挙げられている参考文献からおもしろそうな古書を見つけることが圧倒的に多いです。見つけた古書からまた参考文献をあたり，また次の書からも見つけていく…。私は「芋づる方式」と呼んでいます。

　こうやってどんどん辿ることができるので，私自身もSNSやメール，原稿執筆等，何かを書き記す際，どんなときにも必ず参考文献を挙げるように意識しています。そこから辿るおもしろさや発見する楽しさを共有したいです。

■テーマがあると「引っかかる」

　自分が勉強したい，研究したいと思うテーマやキーワードをもっていると，関連する書籍が引っかかりやすくなります。関連しているテーマのものをどんどん購入していく感じです。「子ども理解」や「個別最適」，「授業研究」など，複数のテーマを常にもつことで，古書が「こっちだよ〜」と呼びかけてくれます（笑）。

2．「古書」はおいくら？

■古書の値段をどう見るか

　みなさんが気になられていることの一つは，やはり古書の「値段」ではないでしょうか。みなさんは一冊4000円と言われるとどう感じるでしょうか。以前の僕は「高い」と感じていましたが，今は10000円でも「ほしい」と思うものは買います。例えば，今実践・研究しているテーマに関する書であれば，迷わず購入します。その他，「○○集」や「全集」などを集めたくなってしまうので，「あと一冊でシリーズが揃う！」という状態であれば，少々高い書でもポチッと…。「本と食と旅にはお金を惜しむな！」と（私は）言いますが，どれも浪費や出費ではなく投資だと考えるようにしています（娘にもそう言っています）。

　ちなみに古書は，その時々によって価格が大きく変化します。例えば，4年前に数百円で購入した書が今見てみると20000円以上する場合など，ざらにあります。私が購入した中で最も高価だった古書は，（値段は書きませんが）奈良女高師附属小学校学習研究会の『たしかな教育の方法』だったと

記憶しています。

■「一文」でOK！

　古書の中に，一文だけでも心に残る言葉があれば私は「もとをとれた」と思っています。引用して使えそうな箇所があればそれはもう大当たりです！もちろん，ご縁がなかった古書も多々ありますが…。でも，数年後にもなぜかキラキラと光り輝く言葉がその中から見つかることもあります。

　いずれにしても，その古書との「出会い」を大切にしたいです。本との出会いも一期一会です。「迷うぐらいなら買う」が私のモットーです（笑）。

■ジャケ買いもあり

　番外編として，ジャケ買い（表紙で本を選ぶ買い方）をするときもあります。古書の中には今にない独特のデザインや色使いや書体，風合いなどを感じるものがあります。表紙のデザインや質感を愉しむことも，古書を味わう醍醐味の一つであります。

3．古書を入手して…

　こうやって手に入れた古書です。どう活用するか，ざっと以下のような感じでしょうか。
・実践や理論の歴史的経緯を探り，新たな視点を取り入れる
・現在の教育実践と比較し，自分自身の実践の参考にする
・各種教育における「現在地」を再確認する
・当時の特徴的な実践からアレンジできる部分を見出す
・自分の実践や理論の裏付をする
・新たな目的意識を見出す
・記されている原理原則から具体的実践を導き出す
・当時の実践を今の自分の興味関心のフィルターを通して見る
・関連する文献にあたり，自分自身の視野を広げる
・「不易」の部分を探して自分の心に留める
・古書が揃った本棚を眺めて愉しむ

・活かそうとしなくても，ただただ読み味わう

　ただし，すべての古書が活用できるかといえばそうでもありません。自分自身や目の前の子どもの必要感に合わせて取捨選択する「眼」が必要です。いかに自分にとって意味のある書を見つけられる「眼」を養えるかにかかっています。

　もちろんこうやって古書Lifeを満喫するには，多くの方々（特に家族）の理解と協力がなければ成り立ちません。

　ですので，以上のことは決して一般的ではなく，あくまでも「ある人」の考えと方法なので真似しないでください。「ああ，こういう考えもあるんだな」「こういう人もいるんだな」程度で留めておいてください（笑）。ほんの少しでも，何かの参考になれば幸いです。　　　　　　　　　　（宗實直樹）

第 **2** 章

「古書」から得る
22 の学びの種

社会科教育の歴史を辿る
―先人の「想い」と「願い」の継承を―

重松鷹泰（1955）『社会科教育法』誠文堂新光社

1 本書について

　著者の重松鷹泰は，1908年東京生まれ。1946年文部省教科書局小学校社会科担当となり，小学校社会科創設及び学習指導要領に関与します。1947年奈良女子高等師範学校附属小学校主事となり，その後，1952年に名古屋大学教育学部教授となります。1972年定年退官，のちに名誉教授となり，1995年に89歳の生涯を閉じます。

　いつからでしょうか。重松の書に興味をもちはじめたのは。私自身の問題意識が変わってきた頃だったと思います。重松の授業分析から学び，子どもを見る目，子どもの事実から読み取る力について再度問い直すことが重要だと考えました。そこから重松の書籍をひたすら集めました。
　しかし，古書店でもなかなか見つけることができず，見つけた書も高価なものが多かったことを覚えています（2019年頃）。様々なルートから入手し，多くの重松の書を揃えることができました。読めば読むほど，味わい深い書ばかりでした。徹底的に「個」が追究されていました。重松の考えや生き方から受けた影響は計り知れません。

　本稿では重松関係の書の中でも，社会科に特化して書かれている『社会科教育法』について考えます。

■ 社会科の手引き書
　『社会科教育法』はわが国の社会科教育の発足から，第5次改訂までを教育史学的に述べています。なぜ社会科が必要なのか，どんなところに問題点があるかなどが丁寧に記されているので，当時の学習指導要領の趣旨や内容を大きくカバーする構成となっています。初期社会科の動向について詳しく

記され，その動向を学ぶのにも適した書籍です。

　また，社会科の使命や社会科の指導法などが熱く語られており，当時，社会科に取り組もうとする若い世代や学生などのよい手引きとなっていたことが伺われます。

■ 「目次」から見えること
　『社会科教育法』の目次を列挙します。

第一章　　社会科の使命
　第一節　日本の社会科
　第二節　社会科の発足
　第三節　社会科の使命
第二章　　小学校の社会科と中等学校の社会科
　第一節　二つの社会科
　第二節　一貫した社会科
第三章　　社会科の構造
　第一節　教育全体に於ける位置
　第二節　他教科との関連
　第三節　特別教育活動・自由研究との関連
　第四節　生活指導と社会科
　第五節　生活綴方と社会科
　第六節　目標の構造
第四章　　社会科の方法
　第一節　問題解決の過程
　第二節　単元学習
　第三節　現場の実践と検討
第五章　　社会科をめぐる諸問題
　第一節　道徳教育
　第二節　愛国心の育成
　第三節　歴史教育
　第四節　地理教育

この目次を見ただけでも，当時の社会科においてどのようなことが問題にされていたのかがよくわかります。

なお，巻末には，社会科の目標とその表現の変遷を辿るための資料として，「昭和二十二年度（第一次）学習指導要領」「昭和二十六年（第二次）学習指導要領」「昭和三十年度（第三次）学習指導要領」が付されています。

■社会科の動向

続いて「はしがき」の冒頭を紹介します。

> 　社会科の動向は，日本の教育の動向であり，日本の動向である。
>
> 　風浪の高い中にも，ゆるぎのない教育を求めて進む人々がある。この人々は，日本の国を憂うるがゆえに，日本の子どもを，真にみずから考える子ども，自分の決断に責任を負う子どもにしようとして，日々の教育と取組んでいる。この小著を，その人々に捧げたい。　　　　　　　(p.1)

「はしがき」から熱い内容となっています。このような想いが前面に出ている箇所が本書には多くあります。特に「第一章　社会科の使命」は必読です。第一章を読めば，社会科という教科の成り立ちの経緯，エピソード，そこに携わった人たちの気持ちがよくわかります。重松がそのときに率直に感じていたことや想いや願いがストレートに表れているのも興味深いです。

■社会科へのエール

社会科の本道は，児童の実態に即すること，児童の考え方の発展に重点を置くべきことを繰り返し重松は説明します。だからこそ社会科の指導は困難なのであり，現場教師の苦心や工夫が要請されると強く主張しています。

当時の他教科の学習指導要領作成の責任者たちとの会議の中で，強く記憶に残っている発言があると重松は述べます。それは，「社会科は中心ではないが，新しい教育形態の先端をいくものだと，理解すればよいのだね」という容認の言葉と「この学習指導要領でいくと，小学校の先生方は，混乱に陥るだろう」（p.31）という批判の言葉でした。その批判に対して重松は，混乱はあるものの，日本の小学校の先生たちはその混乱を乗り越えて立派な教育を実現してくれるという想いを前面に表しました。このような，社会科に取り組もうとする人々へのエールにもなるようなエピソードも記されています。

2 本書から得た学び

本書に記されている事実を知ることは，今後私たちが社会科について考えたり実践を行ったりするための視点になると考えます。以下，社会科に関わる内容としていくつかポイントを挙げます。

■重松鷹泰と社会科

重松が社会科に携わる第一歩となったのは，戦後の修身教科書をつくる仕事でした。重松が当時の文部省に入ったのが1946年です。その際，修身・地理・歴史に変わる総合的な教科として社会科を創設することを聞かされます。小学校社会科の学習指導要領作成に当たったのは，精勤者としての重松の他に上田薫，尾崎乕四郎，塩田嵩らでした。

一方，中学校の責任者となったのが勝田守一でした。小中のちがいがあるといえど，できるだけ歩調を合わせながら，両方に共通な総論を共同してつくることにしました。

その際，次のような3点を確認しています。

1）相互依存の関係を重視するが，日本の社会科としては，人間性の自覚，個人の尊厳の認識を，その前提としなければならない。

2）わが国の伝統を十分尊重することが必要であるということを，訴える必要がある。

3）子どもたちの考え方を発展させていくところに重点をおくが，これは，わが国の学問の将来の方向を変えることになる。　　　（p.11）

　人としての在り方と受け継がれてきた伝統を大切にすると共に，学問を生活の近くに置こうとしていたところが興味深いです。

■初等と中等の相違

　しかし，できあがった社会科学習指導要領には相違がありました。

　初等は固定した教材を認めないという考えをもち，子どもたちの考え方自体が深くなることを重視していました。それに対して中等は，社会諸科学の成果としての知識を子どもたちにできるだけ豊富に，漏れがないように習得させることをねらいとしていました。そのため，中等の学習指導要領では，学習すべき知識の組織を明らかにし，それを学年毎，単元毎の目標に代えていました。つまり，初等においては心の形式的な能力をつくりあげようとする形式陶冶に，中等においては精神を豊かにする知識や技能を習得させることを重視する実質陶冶に重点を置いていました。問題解決の過程に関わる話題も初等では大きく取りあげられ，中等ではあまり大きく取り上げられることがありませんでした。

■苦しんだ「理解」の意味

　重松らがもっとも苦しんだのは，ヴァージニアの学習指導要領中に明記されている[註1]「理解」の意味でした。当時，個々の知識や技能を子どもたちに与える拠り所となり，子どもたちに成立させるべき目標としての「理解」が挙げられました。しかし，目標の表現様式の一つとしてとらえる「理解」を考え，設定する方法や理論がありませんでした。

　そのような中でも，話し合いを重ねてできあがった目標（第六学年）のいくつかを挙げてみます。

○学習指導要領（試案）昭和二十二年（1947年）度

・機械生産は，各団体相互の依存関係を増大させる傾向があること。

・自然を支配することが大きくなるにつれて，人間の労力は軽減したこと。

・資源は往々利得のために濫費されること。

・大量生産は，われわれの祖先の絶えまない念願と努力によって，生まれたものであること。

○学習指導要領（試案）昭和二十六年（1951年）度

・通信，報道機関の発達は，わたくしたちの意見の交換や，知識を豊かにすることを容易にした。

・人々はみな幸福になれる権利をもっている。

・昔は身分に区別があって，人々の自由な活動が妨げられていた。

・戦争は人類にとって最大の不幸である。

・自由はつねに責任をともなわなくてはならない。

　この二つの目標を比べてみてもその相違が感じられます。前者が直訳的で「理解」を関係的に把握させようとしているのに対し，後者は態度や能力と「理解」との関係をより大きな視点で明らかにしようとしている感じがあります。「理解」をどうとらえるのか，目標をどのように設定するのか悩み，吟味していたことが伺われます。

　ただ，どちらの目標も児童がみずから会得するもので，決して教え込んではいけないということが主張されていました。このあたりは現在の問題解決的な学習の考えとも合致する点ではないかと感じます。

■学習指導要領と教科書

　教科教育を考えることにおいて，学習指導要領をぬきには語れません。

　学習指導要領について，重松は以下のように述べています。

　　小学校の学習指導要領の原稿ができあがったのは，二十一年の十二月末であった。十月から三ヶ月足らずの期間に仕あげたのであるが，今から考えると，どうしてそんな無理ができたかと不思議なくらいである。*(p.12)*

本当に驚きです。無論，これは（試案）ということで，今後に国民の世論や現場教師の意見を取り入れていくことを公約したものでした。

新学習指導要領を印刷にまわしたあと，重松らにさらに与えられた仕事が教科書の編纂でした。しかし，これに対して重松らは，

> 社会科は参考書を必要とするが，それに準拠して教授するという意味での教科書はあり得ない。
>
> (p.14)

という立場をとっていました。従来の教科書の枠から脱するということを認めてもらうという条件つきでこの仕事にとりかかったそうです。

ちなみに，重松らは神奈川県足柄上郡のお寺にこもり，福沢村の小学校の子どもたちをもとにしながら学習指導要領を書きました。学習指導要領と共にできたのが日本で最初の社会科教科書「私たちの村」「私たちの町」でした。

学習指導要領と教科書の編纂を終えた重松は次のように述べます。

> 私は，私たちのした仕事が，きわめて冒険的なものであったことを率直に認めるが，日本の国を憂い，日本の子どもたちを敬愛し，ことに現場の小学校の教師に，ほとんどすべての人から，過度であり不当であるといわれたほどの信頼をよせ，問題解決の過程を通じての学習という重点を堅持していったために，日本の教育界に，意味あるものを，移入することができたと信じている。
>
> (pp.16-17)

非常に長い一文となっていますが，この一文に重松の想いや願いが十分に表れていると感じます。

■ はじめての社会科授業

前述した社会科教科書案にもとづいた授業が昭和22年（1947年）1月16日，新橋駅前・烏森通りに面した港区立桜田国民学校で行われました。授業者は日下部しげ（当時49歳），2年生教室にて「郵便ごっこ」という授業でした。

重松ら文部省から社会科授業を試してほしいと依頼され尻込みする教員の

中,「私ならできそうです」と手を挙げたのが日下部でした。日下部は1946年10月に桜田国民学校に着任してきたばかりでしたが,授業者として立候補する理由として前任校の経験があります。

日下部が「郵便ごっこ」の授業を計画する際に参考にしたのが,前任校の横川小学校で実践したことのある「未分化教育」^{註3}でした。そこから社会科というものをイメージし,「郵便ごっこ」の授業を具体化しました。

授業当日は朝の9時からはじまり,2時間たっても子どもは飽きないどころか,ますます熱心に取り組んでいきました^{註4}。その姿を見て,重松は「これはおもしろい。これなら社会科が実施できる」と言ったそうです。新教育に対して重松らがはじめて自信らしきものをもった瞬間でした。

■社会科の使命

重松たちが貫こうと考えた社会科の使命とは,次の通りです。

（1）日本の子どもたちに気魄をもたせる。

　「気魄」とは,「生活の現実と取組んでいく逞しい意欲であり,生活そのものを正しくきわめ,その生活を生活させること」と説明しています。

（2）人間性の回復をはかる。

　自ら道をきりひらく子どもたちをつくるには,人間性の自覚,基本的人権の尊重を,子ども自身のものとして,明確にすることが重要だと説明しています。

（3）相互依存の関係を把握させる。

　相互依存ということは,動学的な意味においてではなく,対立闘争をも包含する意味で把握させることを重視しています。

（4）真理追究の態度を育成する。

　科学的な態度を育成することで,正しい方向に自分の生活を切りひらいていけると考えています。

（5）社会の改善にたいし,具体的な方策を立てて,積極的に行動するような機会を与える。

　自分が参加しているものとして追究させ,知識と行為との統一を図るためにも重要だと説明しています。

（6）子ども自身の考えの統一，内省を重んずる。

　　　日本人の考え方を，真剣で責任のあるものにするためには，きわめ
　て大切だと述べています。

　重松は，以上のような使命に対する自分たちの考えが絶対だとは考えてい
ません。しかし，社会科を構造的なものとし，統一した理論によって貫かな
ければ，筋の通った働きができるものではないとして，そこに力強い信念を
示していました。

■ **問題解決**

文部省（1947）『学習指導要領 社会科編 I （試案）』には，

> 小学校における指導にあたって，一番たいせつなことは，まず第一に児
> 童の現実生活における問題を正しくとらえることである。　　　　（p.17）

> 本書には教師が児童の生活の根底に存するこれらの問題を見落すことの
> ないようにとの配慮から，各学年別に，いくつかの問題を挙げているが，
> 教師はこれを参考としつつ，自分の受け持つ児童の直面している問題を発
> 見し，これを中心として，その指導法を工夫して行くべきである。（p.18）

と記されています。児童が直面する問題を「問題」とし，問題解決学習を
中心に学習過程が組まれていました。その中で多く議論があったのが「問題
とは何か」ということでした。それに対して重松らは次のように説明してい
ます。

> (一) 問題というのは，青少年の社会的経験（生活経験・経験）の発展
> 　　の中核となっているものである。それをめぐって経験が発展して
> 　　行くその中心である。
> (二) 問題は子ども自身の状態やそこにある要求と，周囲の社会の状態
> 　　や子どもにたいする要求との矛盾である。
> (三) 問題は，子どもの興味とか関心そのものではない。むしろその根

源である。

（四）問題は，地域社会の問題そのものでもない。それが子ども自身の生活をゆり動かしているところにある。

（五）子どもたちが，真剣になって物事と取組んでいるとき，そこには彼自身の問題が存在していると推察できる。

（六）わたしたちが心の琴線に触れられたと思うことがある。あるいは教師の脱線話が終生のこるような深い感銘を与えることがある。このような場合に，子ども自身の問題が取りあげられたというべきであろう。　　　　　　　　　　　　　　　　　　　　　　　　(p.53)

　このように説明していてもなかなか現場に浸透していかなかったとの記述が『社会科教育法』の中にあります。問題解決よりも，単元という方から社会科をとらえ実践しようとする動きも強く表れてきました。

■ 単元学習

　『学習指導要領社会科編I（試案)』では，作業単元について次のように示されています。

　作業単元とは，学習指導計画に予定された一連の学習活動の意味で，一定時間継続して取扱われる学習活動の統一されたものをさすのである。
　　　　　　　　　　　　　　　　　　　　　　　　(p.138)

　また，『小学校社会科 学習指導要領補説』（以下，「補説」）では，多くの頁を割いて作業単元について説明されています。

　学習活動ということばでいいあらわすならば，作業単元とは，学習活動が次々と自然に発展していって形づくる系列であるということができます。単元とは統一体を意味し，作業とは学習活動あるいは経験の意味であります。わが国では単元という語は，従来多くの場合教材の一区分というような意味に用いられてきましたが，これは教材単元とでも呼ばれるべきもので，作業単元とは区別されなければなりません。
　　　　　　　　　　　　　　　　　　　　　　　　(p.16)

つまり作業単元とは，子どもの興味関心に応じてごっこや何かをつくるという作業に基づいて構成されたひとまとまりの学習のことです。また，知識内容のひとまとまりとしての教材単元との区別の必要性を主張していました。知識の獲得や成長は，第二義的なものとしてとらえられていました。

　「補説」では，作業単元についてさらに次のように述べています。

> 　現在社会科の指導のおちいりやすい二つの危険があります。その一つは，児童の自発性を重んじようとして，教師が児童の動くままにつき従い，十分教育の目的を達することができないということ，もう一つは，教師の要求と立場とで固定したわくを作り，既成の計画によって児童をしばろうとすることであります。　　　　　　　　　　　　　　　　　　　　　　(p.30)

　教師からの目標を優先にするのか，子どもの動きに委ねて任せるのか，この問題は現在でも変わらない問題として挙げられます。このときからすでに議論されてきたことだととらえることができます。

　ちなみに，文部省（1951）『学習指導要領　社会科編（試案）』では，「単元学習」という言葉が正式に使用され，

> 　この経験の組織，言い換えれば学習活動が問題解決を中心として次々と発展していって形づくられるまとまりが，社会科の単元である。　　(p.24)

と記されました。

　作業単元は，問題解決学習という観点からすると，使用する時間に対する問題解決の理論的な部分，獲得される知識の不足が指摘されました。そこで，断片的な経験の寄せ集めにするのではなく，問題解決学習を通してまとまりのある組織された経験にまで高めていくことを意味しての「単元学習」が提案されました。

■ 『社会科の理論と方法』
　重松は，『社会科教育法』の「はしがき」で

特に小著と照合して，読んでいただきたいのは，上田薫氏の『社会科の
理論と方法』である。
(p. 1)

と述べます。
　わざわざ重松が取り上げて紹介している書について少しだけ見ていきます。
『社会科の理論と方法』は，上田薫が文部省から名古屋大学教育学部へ移っ
た後に書かれたものです。1952年の初版，1956年に新版，1961年に増補版と
して出版されました。1978年刊の『上田薫社会科教育著作集2　人間形成論
序説』の中に収められています。上田（1978）は，

　多忙だった役所づとめから開放され，清新な環境で，たまっていたもの
を一気にはき出すように書き進めたものであった。
(p.230)

　わたくしは社会科について相当の量の論を書いたが，このように整頓し
たかたちで書いた本は他にないのである。とにかく文体だけではなく，わ
たくしの考えをもっともわかりやすく表現したものだといってよいようで
ある。
(p.230)

と，「あとがき」の中で述べています。
　当時，上田が考えていたことが最も勢いよく体系的にまとめられた一冊で
あることがうかがえます。上田の社会科教育の本質を経験主義哲学の根底か
ら解明した最も基本の書物でした。
　初版の「まえがき」には次のように記されています。

　わたくしは，日本人のひとりびとりを自主性をもった個に育てあげて
いくことこそ，今日の日本の教育の，いや社会そのもののもっとも緊要な
課題だと考えます。それは真の民主化の根本の前提であるからです。そし
て社会科の教育は，学校教育がその課題を解決していくための中核となる
べき使命をもっていると信ずるのです。
(p.1)

ここからも上田の熱い想いが伝わってきます。

重松，上田共に，日本の教育の発展を社会科という教科から本気で考えていた人物であることがよくわかります。先人のその熱い想いを引き継ぎ，後生にも残していく使命感を感じています。

大切にしたいことは当時と何一つ変わりません。

3 本書の価値

このような当時の社会科の手引き書的な一冊を，今また読むことの価値はどこにあるのでしょうか。それは一言で，当時社会科発足に関わられた人々の熱い想いを知り，その想いを受け継ぐということです。今の社会科を考える上でも欠かせない問題解決や単元学習の概念がどのように誕生したのか，その事実を知ることも重要です。

事実を知り，そこから感じ取られるものを自身の考えや実践に生かし，今後の社会への発展について思いを巡らせていくことが重要だととらえます。

社会科を巡る歴史の事実と当時の人々の想いを，本稿から感じていただけると幸いです。

私は今，拙いながらも社会科について自分の考えを発信し，できるだけ多くの方々と対話しようと考えています。それは，社会科の発展を願うと共に，社会科好きの教師，社会科好きの子どもを少しでも増やしたいと願うからです。

かく言う私は，子どものときも教師になってからも社会科が苦手で好きではありませんでした。社会科授業を行う際の難しさや，社会科が好きではない子どもの気持ちは幾分かわかっているつもりです。だからこそ，寄り添いながら共に歩めるのではないかと考えています。実は，社会科は魅力的な教科であることを味わっていただきたいです。

「社会科ってこんなにおもしろいんだ！」

「社会科ってこんなに世の中の見方を変えてくれるんだ！」

「社会科ってこんなに生き方を豊かにしてくれるんだ！」

というようなことを多くの教師や子どもたちが感じてくれればこれ以上の幸せはありません。

これからのよりよい未来を創っていくのは子どもたちです。自分や周りの幸せのために行動し，本当の「豊かさ」を追究できる人になってほしいと願います。社会科という教科はその実現に直結する教科だと考えています。

今，その「種まき」を少しでもできているのであれば，本望です。そしてその「種まき」を少しでも多くの方と共にできれば，こんなに嬉しいことはありません。

重松らが残してくれた熱い「想い」と強い「意志」，そして未来への「願い」を少しでも後生に引き継いでいく役割を担いたいと強く感じています。

（宗實直樹）

〈註記〉

註1 ヴァージニア・プランは，米国ヴァージニア州教育委員会が1934年に作成し，1943年に改訂版が出されたカリキュラムである。子どもの連続的な成長などを挙げ，社会生活の経験を中核とするコア・カリキュラムを提唱した。1947年版学習指導要領はヴァージニア・プランをよりどころにして作成された。日本の小学校社会科の原典とされている。

註2 日下部が行った授業「郵便ごっこ」は，重松らがつくった社会科教科書「私たちの村」「私たちの町」の単元の一つだった。

註3 生活体験を重視した合科教育が効果的という考え方。「生活科」の源流と言える。

註4 読売新聞社編（1955）『日本の新学期』の中にある「社会科，新橋から出発」（pp.69-73）に詳しい。

〈引用・参考文献〉

文部省（1947）『学習指導要領 社会科編Ⅰ（試案)』

読売新聞社編（1955）『日本の新学期』読売新聞社

読売新聞社編（1982）『教育のあゆみ 昭和戦後史』読売新聞社

文部省（1948）『小学校社会科 学習指導要領補説』

文部省（1951）『学習指導要領 社会科編（試案)』

上田薫（1961）『社会科の理論と方法 増補版』黎明書房

上田薫（1978）『上田薫社会科教育著作集2 人間形成論序説』明治図書出版

地域社会問題の現在地に立つ
子どもたちの学びの姿

江口武正（1956）『村の五年生』新評論社

1 本書について

■ 江口武正が社会科で大切にしていること

　江口武正は，1926年新潟県に生まれ，戦後まもない1947年，農村地帯に位置する中頚城郡津有村（現在の上越市南部）の小学校に赴任しました。ここで示す『村の五年生』は，江口が29歳の時の書籍です。1954年に約3カ月間にわたり実践された単元「耕地整理」の内容を基に，農村社会科授業の場を詳細に取り上げたものです。単元の構成は，以下に示す【表1】の通りです。

学習展開名	学習内容
（1）田んぼのひろがり	○単元を見通す問いの作成を行う。 →農家で問題になっている事象（田の散らばり）把握。
（2）恵子の家の田	○社会的事象の現状把握（部分事例）を行う。 →耕地整理のメリット認知と，その実施プロセス（交換分合など）における村の現状把握。
（3）村の耕地整理	○社会的事象の現状把握（全容事例）を行う。 →耕地整理に対しては，村内に反対派の意見を含め，さまざまな立場から多様な考え方があることを認識。
（4）30年前の耕地整理	○社会的事象に関する諸問題の根元を追究する。 →耕地整理が進まない根源と，農村や家庭内に残る封建的な考え方との結び付きが強いことを認識。
（5）古い考え，おくれた考え	○問題解決に向けて，その根源に対する言行をとる。 →封建性を払拭していくための思考整理と働きかけ。
（6）さかいわ村の耕地整理	○問題解決に向けて，解決先行事例の収集とその実情把握を行う。 →複数の村の耕地整理における成功事例を調査。
（7）農民のあゆみ	○農村のあゆみという歴史的な視点から，耕地整理の在り方を改めて見つめ直す。
（8）学習のまとめ	○社会科文集「こうちせいり」を作成する。

【表1】小学校第5学年社会科「耕地整理」の学習単元における展開と内容
（小原（1995）を参考に筆者作成）

　この単元構成は，地域社会の問題を追究する授業に，当事者である地域の村民を巻き込みながら，ここで使われている言葉である（子どもたちの）「研

究」の成果を発信することで，実社会を変容させていく学びの過程が明瞭に示されています。江口は子どもたち自身が，子どもたち自身の学びの姿で実社会の問題をも解決していく真の「問題解決学習」を取り入れた社会科を大切にしていたと言えます。

2 本書の価値

■社会的事象に関する専門家が見出す江口の教材研究と授業づくり

『村の五年生』が出版に至った経緯の一つとして，江口の本実践について，農村問題研究家（評論家）であり，畜産学者の松丸志摩三（1907 − 1973）が書籍化の推薦をしたことが挙げられます。戦中から戦後にかけて，農業・畜産，そして農村を中心とした村づくりについて，多くの書籍を残している松丸は，『村の五年生』のあとがきに書籍の価値と江口本人について，次のように記しています。

> 　毎度いうように，私は教育の仕事には全くの素人である。（中略）私のような日頃農村に暮らして，少しでも農民の向上のため役立ちたいと念願し，そのために学校の先生たちとぜひ協力して進みたいといつも考えている立場にあるものから考えると，この本にもられた教育のやり方（問題解決学習）というものは，何とも素晴らしいものに思われる。　　（p.289）

> 　（江口は）多忙の中に寸暇を見つけては，私がふりあてられていた生産教育分科会に顔を出すのである。そしてとにかくグルグルまわりの議論に終始しがちでいた私の分科会を，グッと引き締めるようなまことに適切な発言を，ポツンポツンと，いかにも自信に満ちみちてするのであった。
>
> 　　（p.290）

社会科は，社会的事象の内容を多角的な視点，多面的な視野をもって学習する教科です。江口がここで綴る実践は，学校教育や教科教育の専門家や学校現場における実践者からの評価だけではなく，松丸のように，それぞれの社会的事象（本実践では，農業分野・農村開発分野）の内面に関する専門家

が高く評価している点も，大きな特徴であると言えます。

　その価値とは，地域社会に横たわる（当時における）現代的諸問題を，授業にもち込み，取り扱う問題の解決に向けて，実社会における事象のあゆみと共に，並行して子どもたちの学びが展開されているという点に関係します。

　当時だから可能であったと考えられる授業アプローチや教材活用ももちろん散見されますが，江口の授業は，オーセンティックな学びそのものと言えます。その学びのデザインは，地域の諸問題を（事象に関しては素人である）教師がそのまま教材として荒削りに授業にもち込むような授業アプローチではなく，徹底して専門家から学び，地域に出向いて事象に関連する問題点を洗い出し，多角的・多面的に，また継続的にそれらを把握しようと努めた上で構成されたものでした。

　これらを総合して授業化し，農村を中心として封建的であった地域社会が，江口の実践による子どもたちの学びの姿から，実際に身近な社会の変容に漕ぎつけていることを本事象の専門家である松丸は評価しているのです。また，松丸のように実社会の諸問題に対して真正面から向き合い，役に立ちたいと願う人々の願いも，学校教育における社会科の授業から実社会の変容へとつなげるといった形で具現化したものが江口の本実践なのです。

　また，江口の教材研究に対する姿勢が読み取れる点も，本書の大きな価値の一つであると言えます。江口は，農村部のフィールドワークはもちろん，専門家のもとにも足繁く通っています。このような教材研究の在り方も本書から幅広く見取ることが可能です。

■ 社会的事象の諸問題に直接向き合う人々と共にある授業づくり

　前項では，専門家，そして教師という視点から書籍の価値に迫っていきました。ここでは，さらに，社会的事象の諸問題に直接向き合う人々と共にあった江口の授業づくりについて，示していきます。

　授業実践本で大きく取り扱われている「耕地整理」という社会的事象から生まれる諸問題。江口の授業を受けた多くの子どもたちの家庭に直接関係する問題であったこともあり，授業後には，保護者や家族をはじめ，農業を営む村民からも賛否様々な反響があったことが記されています。

　書籍の中には，本実践を高く評価する反響の内容として，次の示すような

もの挙げられています（一部抜粋）。

　　今後も身近なものを主題にとって，今回のような方法（問題解決学習）によって学習するのがよいのではないかと思います。社会科の学習は，今後もこんなやり方で，どんどんやっていってほしいと思います。　　(p.256)

　　私たちの部落では，いま耕地整理のことで話し合っているが，大人が長い間かかって出した結論と，子どもが勉強して出した結論と同じであった。
　　　　　　　　　　　　　　　　　　　　　　　　　　　　　　(p.259)

一方で，江口は，本実践に対する次のような批判も受け止めています。

　　私は五年生の勉強にはいろいろな点で疑問がある。大体五年生位の子どもに，こんなつっこんだ勉強をさせてよいものか，どうか，ということである。（中略）古い考え，おくれた考え（封建的な農村社会に対して，子どもたちが批判的思考のもと紡いだ言葉）にしてもゆきすぎだと思う。
　　　　　　　　　　　　　　　　　　　　　　　　　　　　　　(p.260)

　ここまで示したように，江口は，専門家・保護者やその家族，実際に問題に向き合っている当事者にまでこの実践での学びの在り方について広く問うています。子どもが自分たちを取り巻く農村社会に横たわる諸問題に対する参画への強い想いに寄り添いながら，地域社会をも巻き込んだ社会科学習の実相について知り得ることがこの書籍の何よりも大きな価値であると言えます。

3 本書から得た学び

■子どもに寄り添い，子ども自身が変容を実感できる社会科授業

　江口は，「耕地整理」の学習について，次のような一文にまとめています。

　　子どもたちに自分の家庭をふくめて農村の現状を直視させ，そして現状

> を把握させながら，子どもに正しい思考力を身につけさせ，さらに，この子どもたちの思考力を確かなものにし，より深めるために，現状の改善と問題点の打開について，一人一人の子どもが仲間と力を合わせながら精一杯親たちに働きかけるという実践を行なってきた学習だった。　　*(p. 250)*

　これは，読み替えるならば「主体的・対話的で深い学び」そのものであると言えるのではないでしょうか。

　この学習では単元末に，学んだこと・考えたことを社会科文集「こうちせいいり」にまとめています。現在でも，単元内での学びを社会科新聞やポスターとしてまとめたり，学習内容を総括した子どもたちの発表の場を設定したりする場合があるかと思います。本実践においては，子どもたちから社会科文集にまとめたいと意見が挙がり，実際にその作成に移っています。また，子どもたちがこの文集作成に際して，いかに夢中になって楽しみながら学んだ足跡を振り返り，まとめているのかについて，子どもたちの一言一句と，その場での教師の思考が詳細に記録されています。これらは，すべて主体的に学びに向かう仕掛けが，単元を通して為されているからこそ生まれた子どもたちの学びの姿です。単元を通して，農村の耕地整理について，グループ内で自由度高く研究させ，自分たちの家に直接関係のある喫緊の問題である耕地整理に真剣に向き合っています。だからこそ，学びの振り返りには「自分の考えが変わった」「家の人に役立った」「社会科が面白くなったし好きになった」などの言葉が並んでいるのです。

　子どもたちが自分事にできる問題を単元にもち込み，多角的・多面的な調べ学習を納得するまでグループ内で協働的に行い，これらの学びを家庭や地域に伝えていくことによって，実際に変容していく地域社会を目の当たりにした子どもたち。そこには，子どもたちが自らの学びを「まとめたい」，そして家族や地域社会にも「伝えたい」「残したい」という想いが必然的に生まれています。

　現代の情報化社会においてこの「伝えたい」「残したい」を実現するためには，そのリスク面も十分に考慮した上で，発信させる手段や場の精選が求められます。単元構成や授業づくりにおいて，配慮が必須の場面となってきます。しかし，社会科の学びと子どもたちが感じる実社会をつなぐ授業づく

りの重要性に変わりはありません。自らの学びを「伝えたい」「残したい」を可能な範囲で実現することができる社会科授業の在り方を考えるきっかけが，この『村の五年生』から得られる学びの一つであると言えるでしょう。

（中村祐哉）

〈引用・参考文献〉

板橋孝幸（2020）『近代日本郷土教育実践史研究──農村小学校教員による地域社会づくり構想の展開』風間書房

小原友行（1995）「農村青年教師による初期社会科教育実践の授業論: 相川・江口・鈴木実践の分析」，日本教育方法学会『教育方法学研究』第21巻，pp.139-147

谷川彰英［監］（1994）『名著118選でわかる社会科47年史』明治図書出版，pp.84-85

東井義雄（1957）『村を育てる学力』明治図書出版

吉田正生（1992）「初期社会科実践にみられる「説得技法」の研究: 江口武正「村の五年生」を事例として」，社会系教科教育学会『社会系教科教育学研究』第4号，pp.55-60

＊本稿は，原著の新装本（再版書籍）である江口武正（1992）『村の五年生』国土社を基に執筆をしています。

実感主義における地図指導の在り方

河崎かよ子［編］（1989）『からだで学ぶ地図の学習—子どもの空間認識を深める—』
日本書籍

1 本書について

■ 河崎かよ子が考える地図の学習

> わたしたちが地図を使うのは，どんな時だろうか。（本書まえがきより）

『からだで学ぶ地図の学習』は，当時大阪府の公立小学校教諭であった編著者である河崎かよ子のこの問いからはじまっています。また，次なる問いもこう記されています。

> 子どもたちにとって地図とは何だろう。　　　　　（本書まえがきより）

続けて，本書まえがきには，以下の通り河崎の地図の指導に対する基本的な考えが示されています。

> 地図があるから地図の指導をするのではない。地図を使う必要があるから，地図を学習するのである。そうでなければ，子どもたちにとって楽しくわかる学習を組織することはできないであろう。子どもたちは主体的に関わり，自らの必要に地図を役立たせながら，それを使う力を身につけていく。そして獲得した力で，未知の世界を探りながら空間認識を深めていく。
> 　　　　　　　　　　　　　　　　　　　　　　（本書まえがきより）

ここには，冒頭に示した2つの問いに深く関わる記述が見られます。

私たちが現在，地図を使う場面を想起するとなれば，読者のみなさまは，どのような場面が思い浮かぶでしょうか。Googleマップを使って，友人との待ち合わせ場所を検索したり，家族での旅行先を調べたりする際に地図を使

われているかと推察します。では，子どもたちが授業で使用する地図帳のように，本や紙面ベースで地図を見る機会は，極端に減ってきているでしょうか。よくよく思い浮かべてみると，例えば私の場合，初めて行くアウトレットモールでは，紙面のフロアガイドをまだまだ手にしています。コロナ禍以前，国内・海外問わず自由に旅に出ることが可能だったときまでさかのぼり想起してみるとすると，ガイドブックの地図頁部分をコピーして，その頁だけポケットに入れて旅を楽しんでいました。

　では，なぜその地図を手にするのでしょうか。河崎は，本書冒頭に先に示した2つ質問をしています。それは，私たち大人への地図使用についての質問と，子どもたちにとっての地図の存在を，教師がどのようにとらえているのかを問いかけるものです。いずれの質問の回答にも共通するキーワードは「地図の必要感」であると言えます。ここで想起した場面で地図を手にするのも，正に河崎が本書で示している「地図を使う必要があるから」の一点に凝縮されています。私たちがその必要感から地図を開くように，子どもたちにとっても，必要感が湧く地図学習の重要性について示してあると言えます。つまり，地図を使わせる学習ではなく，目的をもって子どもたち自らが地図を欲する学習を展開するべきであるととらえることができます。

■書籍で示されている地図指導論

　書籍からは，地図指導が戦後の社会科教育の中で，どのように歩まれてきたのかを知ることができます。「生活空間を自覚させる地図指導」から「地理教育の系統のもとでの地図指導」まで，その詳細にふれることが可能です。

　また，地図指導の構築に当たっては，「生活実現性」と「科学的系統性」という2つの原則に立脚するよう主張がなされています。これらの主張の中で，本書の示す「からだで学ぶ地図の学習（指導）」では，その具体として小学校低学年・中学年における実践に主としてスポットが当てられています。

　現在の社会情勢等に応じてアレンジは必要ではありますが，河崎をはじめとする2名の実践者，そして2名の研究者が紹介する授業実践の追試が，ほぼ完全な形で可能なものとなっていることも『からだで学ぶ地図の学習』の特色であるといえます。

2 本書の価値

■ 小学校での地図帳活用の重要性が増した今，本書を読み直すということ

『からだで学ぶ地図の学習』は，「授業づくりの本」シリーズとして発刊されたものです。シリーズを通して授業実践の超具体が，使用した教材や板書記録・子どもたちのノートなどと共に詳細に示されています。

本のタイトルにもなっている『からだで学ぶ地図の学習』とは，

> ① 地図を何かの目的のために使用する。
> ② 地図で現地を歩く（地図をからだの中につくる）。
> ③ 歩ける地図を描く（からだの感覚を外に表現する）。 (p.18)

という3つの方法による地図学習と定義づけられ，それらの主張が展開されています。

1977年（昭和52年）版の小学校学習指導要領では，社会科における「地図の活用」について詳細な記載がなされていました。その後の学習指導要領では，詳細な記載はありませんでしたが，現在の『小学校学習指導要領（平成29年告示）解説社会編』では，地図帳について，「社会的事象を捉える見方・考え方を養うことができる教材である。」との記載があり，続けて「地図帳を日常的に活用し，地図帳への親しみをもち，問題解決のための教材として効果的に活用する技能や意欲を育てるようにする。」と結び示されています。

地図帳は，現在は小学校・中学校ともに2社から採択地区ごとに選定できる教科書の一つでもあります。地図帳の活用について，その重要性が改めて示された今，子どもたちの具体的な活動を含めて，その学習について再考する機会を与えてくれる一冊でもあります。

■ 徹底した実感主義からつくられる子どもたちの空間認識

『からだで学ぶ地図の学習』が出版されてから13年後の2002年に出版された『地図の学力—社会科の基礎・基本』（明治図書出版）の中で筆者の寺本潔は，河崎のからだで学ぶ地図の学習スタイルや，小学校において徹底した実感主義の授業を実現している点について高く評価しています。

また，『からだで学ぶ地図の学習』筆者の一人である木全清博は，地図と地図の指導について，次のように示しています。

　　地図とは，どのような地図であれ抽象化の産物である。「現実の具体と地図の抽象とを結びつける」ことを，どのように子どもたちにスムーズに分からせていくか。まずは，「生活空間を自覚的にとらえられる」ような指導として，「生活している場所」についての地図指導が徹底的になされねばならない。
(p.51)

　二人のレビューに共通するものは，「実感主義の徹底」です。そもそもの前提として，地図自体を抽象化の産物としての教材ととらえた上で，初等教育段階期における子どもたちの空間認識を高めることを目指した単元構成の具体，授業の具体，そして指導の具体にふれることのできるところに『からだで学ぶ地図の学習』の大きな価値があると言えます。

■地図帳配布学年の前倒しから紐解く本書の価値

　前項で示した実践の具体は前述したように，小学校低学年・中学年における実践に主としてスポットが当てられています。寺本は，前述の書籍の中で，地図認識は言語より先行するものであることについて，根拠を基に論じています。ここから，できるだけ早い段階で適切な地図の指導を行うことが望ましいということを読み取ることができます。

　そこで注目したい点が，前回の学習指導要領からの大きな改訂点である地図帳配布学年の第4学年から第3学年への前倒しです。この部分にも，書籍で紹介されている実践は学齢ベースでフィットするものです。

　「生活空間を自覚的にとらえられる」指導については，本書を参考にする場合，小学校中学年段階の現在の社会科単元内に具体的に落とし込みながら考えていく必要があります。ここでヒントになるのが「生活している場所」についての地図指導の徹底という部分です。これこそ，第3学年の社会科での学習内容にピッタリと重なり合う点です。これら本書実践と現在の取り扱い内容のベストミックスを探りながら，これからの実践に生かしていくことのできる点も『からだで学ぶ地図の学習』の価値の一つと言えます。

3 本書から得た学び

■本書で示される地図の指導と筆者が考える地図の指導

『からだで学ぶ地図の学習』を私が手にするに至ったきっかけ（書籍自体は個人所有していたため，正確には再読するきっかけ）は，『小学校学習指導要領（平成29年告示）社会編』において地図帳の給与が第3学年になったことに端を発しています。河崎の地図の指導の実践には，前項で示した3つの原則があります。私自身，地図指導やその活用においては，「地図の上に立つ（立つことを望む）姿を育む」ことをキーコンセプトとしており，まさに書籍に示される「地図で現地を歩く」と考えを同じにする点であります。これは，地図を開いて学びを得た場所に想いを馳せる先に，実際にその地に赴き，その土地と風を自ら感じられる（感じたいと思う）人に育ってほしいという教師としての願いです。

また，私自身「地図は見るものではなく，読むものである」ととらえています。地図帳は何度読んでも，何度同じ頁を開いても，学びの視点や活用の視点によってまた新たな発見があります。つまり，開くたびに新たな地理的事象との出合いがあり，さらに地図で開いたその地を訪れることで，人との出会い，そして，つながりが生まれます。

地図で夢見た地を訪れることは，地図指導の行き着く先の一つであり，地図では見つけられなかった現地の風や人とのつながりを肌で感じることを大切にできる子どもたちを育んでいきたいものです。

■本書が示す縮尺・等高線の指導

「授業づくりの本」シリーズには，超具体とも呼べる詳細な実践記録が整理して記載されています。本書においても「地図たんけん」「地域をかく」など子どもとともに，地図の学びが丁寧に紡がれたことがよくわかる実践が数多く載せられていますが，ここでは，「1km歩き」（縮尺・等高線の指導実践）について取り上げていきます。

この実践では，縮尺・等高線の理解が進んでいないという調査結果から，「教師が児童にわからせる手立てをとっていないから，わからないのではないか」という内省的に教師側の指導の在り方を問うことから論述が始められ

ています。

　この実践は「１kmのものさしをからだの中につくる」ために，「１km歩き」の活動から始まり，これら関連した実践の記録はなんと31頁（pp.110-140）にわたって残されています。膨大な実践記録の中には，子どもたちの学習を終えての感想も添えられており，地図の必要性について子どもたち自ら気が付くことができている事実を読み取ることができます。

　ここで示されている学習活動時間の確保は，現在のカリキュラムでは困難な学校もあるかと推察されますが，地図の学習において実感を伴った理解の重要性（実感主義）については，当時と現在で変わりはありません。追試において困難な学習活動や時間の確保については，学習内容の特性と共に，子どもたちの実態に沿った形でICTでカバーできる部分を見定めていくことも必要であると考えます。Googleストリートビューや国土地理院の地理院地図（GSI Maps）等の活用も適宜検討しながら，現代版にこれら先行実践をブラッシュアップしていく視点も肝要であると考えられます。　　　　　（中村祐哉）

〈引用・参考文献〉

帝国書院編集部編（2021）『楽しく学ぶ 小学生の地図帳 ３・４・５・６年』帝国書院
寺本潔（2002）『地図の学力　社会科の基礎・基本』明治図書出版
寺本潔（2020）『空間認識力を育てる！ おもしろ「地図」授業スキル60』明治図書出版
中村祐哉（2022）『板書＆問いでつくる「社会科×探究」授業デザイン』明治図書出版
文部科学省（2018）『小学校学習指導要領（平成29年告示）解説 社会編』日本文教出版

「共感」を基盤とした社会科授業
―改めて「共感」を考える―

安井俊夫（1994）『社会科授業づくりの追求―子どものものに実現していく道―』
日本書籍

1 本書について

■安井実践との出会い

　社会科授業実践家として著名な安井俊夫ですが，私が安井実践を意識するようになったのは，田中耕治編著『時代を拓いた教師たちⅡ』（日本標準，2009）を読んでからです。それまでは何となく名前を聞いたことがある程度でした。その当時の私は，①学習に前向きになれない子どもたちを授業に巻き込むことができていない，②よく発表する子ども数人だけで授業を進めてしまっている，という2つの問題意識がありました。安井実践を読んだ際に，直感的に，中学校にも関わらず全員の子どもが意見を言いやすい，考えやすい授業になっていると感じました。特に事実認識中心に陥りやすい歴史学習において本領が発揮されているように思い，安井実践をいろいろ調べるようになりました。そこで出会ったのが本書です。

　安井俊夫は，1935年に東京に生まれ。法政大学卒業後，1962年から1989年まで千葉県の公立中学校で社会科教員として勤めました。歴史教育者協議会会員として，多くの実践記録を残しました。1989年から愛知大学教授となり，2005年に退職されています。

　安井実践は，歴史学習において当時から議論の対象となり，評価の是非があります。南浦（2012）は，

　　その議論は歴史授業の目標を（1）客観的歴史認識の獲得を重視する立場と，（2）主体的に歴史を理解し，民主主義者社会における主権者教育を重視する立場の相克であったといえる　　　　　　　　　　　　*(p.402)*

と述べています。その当時（1970年代）の中学校の授業が暗記中心であり，子どもの実態とかけ離れていることから，子どもの側によった人物中心の物語を教材とし，共感と集団的対話を方法とする授業実践から（2）の立場を生み出すことになりました。キーワードとしては「子どもが動く歴史の授業」「共感する歴史の授業」「地域に根ざす歴史教育」（田中2009）などと表現されます。その中でも安井実践のキーとなる「共感」をめぐっては，「歴史学と歴史教育学の関係性，歴史教育固有の論理，科学的社会認識，子どもの主体性といった多岐にわたる論点を提起し，現在に至るまで重要な研究対象とされている」（宇都宮2022）ものであり，近年では「歴史的エンパシー」としてとらえ直すことにつながっているなど，「社会科授業史での主要テーマとなった」（田尻2020）と述べられるほど大きな影響を与えています。

2 本書の価値

■ 安井実践の秘密

　安井の著書は『子どもと学ぶ歴史の授業』（1977，地歴社），『子どもが動く社会科』（1982，地歴社），『学びあう歴史の授業』（1985，青木書店），『主権者を育てる公民の授業』（1986，あゆみ出版），『発言をひきだす社会科の授業』（1986，日本書籍）など，どちらかといえば実践記録がメインと言えます。だからこそ，安井実践の魅力がよくわかります。しかし，本書は安井の著書のなかでは珍しく，社会科授業の理論的な部分に大きく紙面を割いており，安井実践の秘密が垣間見えるようになっています。

　第Ⅰ章は，教科書に沿っての概説・要点整理を中心にすすめる授業から，「たのしくわかる型授業」へどうやって第一歩ふみ出すかという視点からの授業づくりについて述べられています。その第一歩はまず「重点化」であり，安井は以下のように述べています。

　　授業構成の原理を考えるとき，まず第一に浮び上るのは，教科書にある重要事項を概説的にとりあげることではなく，それを授業者がどうとらえたかという形でこのように焦点化・重点化すること　　　　　　　　　　　*(p.17)*

基本的なことなのかもしれませんが，どうしても概説的，網羅的にやって
しまうことはあると思います。

もう一つの第一歩が「問いかけ」です。ただし，

> 『問いかけ』といっても，子どもへの問い（いわゆる発問）を準備すれ
> ばいいというものではない。問いかけていくには「問い」が生み出される
> ような素材でなくてはならない　　　　　　　　　　　　　　　(p.18)

と内容面とのセットの必要性を述べています。

■ たのしくわかる型授業
大変シンプルな表現で，イメージしやすいと思います。

> たのしくわかる型の授業が実現するのは，右のように子どもが自分の
> 見方・考え方を介して『自分の知識』を獲得することである。この『自分
> の見方，考え方』というのは子どもの活動なのであり，『たのしく』を追
> 求するものである。つまり，『たのしく』という授業過程が『わかる』と
> いう知識の質を規定する。ここにこの型の授業の特質がある　 (pp.46-47)

と安井は述べています。具体的には以下の特徴が挙げられます。

◎教材が具体的で子どもをひきつけるものになっている。
◎多くの事項の中の一つを重点化する。
◎重点化して教材として設定するのは，何よりもそのことによって授業
　の中で子どもの活動をつくり出したいからである。
◎重点化して教材として具体化していけば，ある方向に動く人間の姿，
　それと異なる立場の人間の動きなど，「問いかけ」たくなる要素が見
　えてくる。

子どもの活動を生み出し，「自分の見方，考え方」で「わかる」ためのポ
イントの一つが「共感」です。様々な議論を生み出してきた安井実践の真髄

と言えるでしょう。

■共感

　安井が授業づくりにおいて「共感」の問題をなぜ重視するのかは，安井の歩みを振り返ることで見えてきます。

　安井が1970年ごろから特に歴史の授業において，地域の教材を取り上げました。その意図は，「地域から歴史を見る，地域からの歴史のとらえ直し」（p.61）にあったからです。しかし，地域を取り上げる実践の中から，子どもの歴史への入り方に気づきます。

　　弥生時代の学習は地域（松戸）にある小さな弥生のムラ（五戸）をとりあげて，その米づくりの様子を残された遺跡・遺物から考えるという形ですすめた。が，古墳時代になると，私の方が早くもそこから離脱して大和の権力について語る手はずを整えていても，子どもはいぜん地域とそこで働く人々のところから離れていない。その人たちに近づき，そこから歴史を見ようとしているのである。子どもはそういう歴史の入り方，わかり方をするのだということに気づかされたのである。このような子どもの歴史への入り方に気づいたことは，共感の問題を授業づくりの中心にすえるようになる第一歩となった　　　　　　　　　　　　　　　　　　　　　　　　（p.62）

と安井は述べています。

　地域の教材は，子どもが学習内容に「入りやすく」なります。「子どもが入り込んでくることによって，子どもは教材と一体となり，感じたことをそのままぶつけたり，かなり身をのり出してくる」（p.64）など，「切実さ」がでてきます。これはある立場の人に共感しているからで，「その教材，授業方法の中で共感が重視されることによって子どもは教育内容に向っての自覚的な学習主体として育てられることになる」（p.67）と安井は述べています。また，「入りやすさ」と「切実さ」による共感を生み出す教材は，地域の教材でなくても可能であることから，「たのしくわかる授業の型」の参考となりますし，どの時代においても共感をベースにした実践が可能になるでしょう。

■ 安井実践への批判

　「共感」を中心に据えた安井実践は議論を巻き起こしてきました。特に議論になるのが，安井が1970年代後半から1980年代前半にかけ，数年次にわたって繰り返し試みた「スパルタクスの反乱」です。共和制ローマ時代の奴隷剣騎士スパルタクスに焦点を当て，彼が首謀者となったローマに対する奴隷蜂起の出来事をとらえながら時代を理解していく実践です。反乱する「奴隷」に対する「共感」がもとになって子どもが追究するのですが，例えば土井（1986）の「共感は科学的社会認識に高められなくては意味がない」や，中村（1983）の「共感・感動をバネにしてその感動性の根拠を問い，時代の構造を明らかにしなければならない」，藤岡（1991）の「共感からいきなり主権者教育へというのではなく，共感から歴史的事実の連関・分析に向かうべき」，宮原（1998）の「学習材料と学習手段の関係についての条件を吟味していないため，科学的な歴史認識の論理としては一面的になっている」などです。

　安井自身は本書等で批判に対して認めつつも，丁寧に反論をしています。南浦（2012）は，

> 　安井実践に対する批判の最たるものは，授業の中で取り扱われる客観的知識の問題であった。つまり，授業の中で重要な知識が重視されず，子どもたちの共感といった『思い』で授業が進められていくことについての批判である。
> 　　　　　　　　　　　　　　　　　　　　　　　　　　　　　　　　(p.408)

とまとめており，今日的な視点からの課題は「価値の多様性の問題」と指摘しています。つまり共感の視点を民衆や被抑圧者だけでなく，様々な立場からの共感の視点や，一つの立場でも考えの多様性があることが大切だということです。授業づくりに生かす重要な観点だと考えます。

3 本書から得た学び

■ 実践構想例

　感情的な発言も含め，子どもの意見が言いやすい，思わず言いたくなるよ

うな「たのしくわかる型」の授業は，憧れがありつつも日常の授業ではなかなか実践できていません。しかし，本書の分析をもとに授業提案を一例作成してみました。ポイントはこの書籍から学んだ先述の「たのしくわかる型の授業」の4つの特徴です。

　単元は，明治時代の「我が国の国力が充実し国際的地位が向上したことを理解する」（平成29年度版小学校学習指導要領解説 社会編）ところで，単元の毎時間「たのしくわかる型」の実践が現実的に厳しい面があるので，1時間の提案とします。単元の中で重点化する教材がいくつかあるでしょうが，今回は，どの教科書にも取り上げられている「ノルマントン号事件」を取り上げます。単元の中でも様々な扱い方があるでしょうが，今回はノルマントン号事件をきっかけに，条約改正のために日本に何ができるかを考えて，学習計画を立てる，単元の導入としての位置づけで考えています。

ノルマントン号事件

　1886年10月23日，イギリスの貨物船「ノルマントン号」は横浜から神戸に出航した。乗組員は船長ドレーク（イギリス人）以下39名（イギリス人，ドイツ人，マルタ人，アメリカ人，インド人，中国人）と日本人の船客25名だった。

　10月24日の午後7時ごろ，和歌山県沖で船腹を岩に打ち付け，そのまま岩の上を通過し，船腹から船尾まで裂き割れてしまった。船はみるみる沈没していき，船長は直ちにボートをおろすことを命じ，みずから身の回り品を手早くまとめると，ボートに乗り移った。甲板のうえに群がりあつまっていた乗組員も，急ぎボートに乗り移り，また乗りおくれた西洋人4名は，のちに洋上をただよっていたところを通りがかった漁船に救助された。船とともに水没した者は，乗組員3名（水夫長・火夫ら インド人・中国人）と日本人乗客25名であった。日本人は一人も助からなかった。なぜか。乗組員のなかに日本語のわかるものが一人もおらず，日本人にボートに乗り移れ，と英語でいってみても，ひとりもいうことがわからなかったという。

図1　ノルマントン号事件

宮永孝（2016）「検証ノルマントン号事件」『社会志林』法政大学社会学部学会より抜粋して筆者が作成

まずは，ビコー作の「ノルマントン号事件の風刺画」を提示し，「何を表している画だと思いますか？」と問います。自由に子どもが発散した後に，ノルマントン号を示した資料（図１）を提示します。風刺画の状況を補説し，「この事件についてどう思う？」と聞くと，おそらく「この船長の言っていることはおかしい」「日本人全員が亡くなってかわいそう」「船長たちは自分たちだけ助かって日本人を見捨てている」といったような感情的な意見がでるでしょう。そこで，「この当時でも何かあったら船に最後まで残るのが船長の仕事だと言われていました。でもこのようなことになってしまいました。船長はこの後どうなったと思いますか？」と問います。

　「逮捕された」「死刑になった」などの意見がでるでしょう。そこで，どうなったのかを示します。

> 神戸のイギリス領事裁判所は，船長・乗組員の陳述をほぼ認め，船長らを無罪としました。

　子どもはおそらく「おかしい」「ありえない」というまた感情的な反応をすると考えられます。「東京日日新聞」は，「ひとりも助からないのはおかしい。西洋人であれば助けたのに，日本人だから助けなかったのではないか」と述べ，国民も「人種差別だ」と激怒したこと，これを受けて当時の外務大臣だった井上馨は，兵庫県知事名でドレーク船長を横浜英国領事裁判所に殺人罪で告訴したことを知らせます。「さて，船長らは裁判でどうなったと思いますか」と問います。これにも様々な意見が出ると思います。「裁判は12月８日に開かれ，判事のイギリス人，ニコラス・ハンネンはドレーク船長に有罪判決をくだします。しかしその刑罰は禁固３ヶ月にすぎず，賠償金の支払いも認められませんでした」と伝えると，また「おかしい」「差別だ」といった意見が出ると思います。

　その後「現在の社会ではおそらくありえない判決がでるのはなぜだと思いますか」と問い，領事裁判権の存在を知らせます。「イギリスとの不平等条約が原因となっているため，日本もこの事件によってイギリスとの条約改正交渉のためのよい条件となると思っていましたが……結局日本の反英感情に対し，イギリス公使のフランシス・プランケットが日本政府に抗議し，それ

を日本は受け入れて世論を静める動きをしました」と知らせ，「日本政府の対応をどう思いますか」と問います。おそらく「対応が甘い」「弱すぎる」「そう考えてもおかしいのに，なぜ抗議を受け入れるのかわからない」というような反応があるでしょう。

そこで，当時の世界の領土を示す地図（中学校の教科書や資料集が参考になります）と英国がアジアにどんどん進出し，植民地化している事実を示し，「日本政府の対応に賛成ですか，反対ですか」と立場を問います。ここで，これまで感情的に意見を言っていた子どもたちも冷静にならざるを得ないでしょう。当時の日本の置かれた状況から，ただ単に反発して抗議し続けることが日本を危うい立場にしてしまう恐れがあるからです。また，ただでさえ条約改正を進めている中で，慎重にならざるを得ない点もあったのでしょう。これらを踏まえて，日本の存在を，イギリスをはじめ世界に示し，条約改正を進めるために，日本には何が必要なのかを歴史年表を基に考え，「日本は条約改正のために，どのようなことを行っていったのだろう」という学習問題を立てます。

ここまでの提案を考えてみて，改めて安井実践に近づくには，具体的な人が動く姿や立場が異なる人々の姿が浮かび上がるほどの深い教材研究が必須であることが実感できました。 (石元周作)

〈引用・参考文献〉
田中耕治編著 (2009)『時代を拓いた教師たちⅡ』日本標準
南浦涼介 (2012)「※中学校における社会科 授業」社会認識教育学会編『新社会科教育ハンドブック』明治図書出版
宇都宮明子 (2022)「140 エンパシー・シンパシー」棚橋健治・木村博一編著『社会科重要用語事典』明治図書出版
田尻信壹 (2020)「安井俊夫の歴史授業論に関する研究 ──「スパルタクスの反乱」実践を事例として」『目白大学高等教育研究』第26号，pp.69-79
土井正興 (1986)「歴史研究と歴史教育について」歴史学研究会編『歴史学研究』6月号第555号，pp.62-69
中村政則 (1983)「科学的歴史認識が深まるとは」『歴史地理教育』3月号，第348号，pp.8-16
藤岡信勝 (1991)『社会認識教育論』日本書籍
宮原武夫 (1998)『子どもは歴史をどう学ぶか』青木書店
宮永孝 (2016)「検証 ノルマントン号事件」法政大学社会学部学会第63巻，第1号，『社会志林』pp.72-100 ※第Ⅷ章教育史にみる社会科らしい実践とその構造

教材と共にゆさぶる
―視点の転換をキーとして―

山崎林平・加藤寛道・長岡文雄・糸井清 (1976)『社会科のゆさぶり発問』
明治図書出版

1 本書について

■ 授業の構成要素としての「ゆさぶり発問」

　社会科の授業を構成する要素はどういう切り口で分析するかによって変わります。例えば，指導者目線で分析するか，学習者目線で分析するかといったことや，教材・教育内容・指導技術・子ども理解などの切り口で分析するかなど一つひとつの要素だけでも研究の価値があるでしょう。

　その中でも「発問」の研究はこれまでも膨大な蓄積があることから，授業においてはそれだけ重要な要素であることがわかります。その発問の中でも「ゆさぶり発問」だけで一冊の書籍として存在していること自体がその重要さを物語っているでしょう。

■ 「ゆさぶり発問」とは

　著者の山崎林平は，先行研究をもとに「ゆさぶり発問」の概念規定を①授業に対して，②子どもに対しての2点で整理しています。

> ① 子どもの常識的な解釈や集中，緊張の欠けた平板な授業展開に，問題を投げかけ，授業の中に変化をもたらし，緊張関係を作り出す教師の意図的な働きかけである。　　　　　　　　　　　　　　　　(p.15)
> ② 子どもたちの平板で皮相的な知識や考え方に，変革と飛躍をうながす働きかけである。　　　　　　　　　　　　　　　　　　　　(p.19)

　これらを具体化するに当たっては，宮内 (1969) の「定位発問 (授業の方向性を明確に決定する発問)」「否定発問 (子どもの出した考えなり意見なりを『おしつぶし』『攻撃し』『否定する』ことによって子どもから新しい考え

を引き出す）」や吉本（1975）の「限定発問（視点を明確に限定した発問）」「類比発問（二者の異同を比較分析させる発問）」「否定発問（反対物や対立物を提示することによってA＝Aの必然性を理解させる）」などのフレームを活用し，授業過程に位置づけることが必要だと山崎は述べています。

■何のための「ゆさぶり発問」か

　発問の中でも一要素にしか過ぎない「ゆさぶり発問」に焦点を当てるのはなぜなのでしょう。そのねらいは，子どもをゆさぶり，授業をゆさぶり，授業を改造することで本当に子どもが「わかる」授業をつくるためです。しかし，そのためには①教師の教材解釈の徹底，②否定されたり限定されたりすることに堪えうる学習集団が成立していること，という2点の条件が必要だと述べられています。

■社会科としての「ゆさぶり」

　社会科は他教科よりも教材開発に力をいれ，子どもに合わせて創り出した教材で実践することが多いと思います。この社会科の特性から考えると，教材そのものによってゆさぶることも可能です。山崎は，類比教材や否定教材を提示することが子どもの見方・考え方をゆさぶり，社会認識の深まりと成り得ることから，発問だけではなく教材としてのゆさぶりを社会科として検討すべき必要があるとしています。

　そのため，Ⅱ章以降，低学年・中学年・高学年のそれぞれにおける具体的な発問構成において，①教材分析による発問づくり，②子どもの発言を生かす発問づくり，という2つの視点からの主張がされています。決して発問のみを取り上げて分析・整理する構成にはなっていません。

　しかし，「ゆさぶり発問」も含めた社会科としての発問研究は，この当時，国語科教育や道徳教育に比べて大変な遅れをとっていると山崎は述べています。それだけに「責務が多大であるといってよい」（p.9）と表現しているような意気込みの伝わる書籍になっています。

2 本書の価値

■ 4人の執筆者の個性

　本書は著者代表の山崎林平の理論的な部分のⅠ章，加藤寛道による低学年授業のⅡ章，長岡文雄による中学年授業のⅢ章，糸井清による高学年授業のⅣ章という4人の執筆者の理論と実践授業から構成されています。そのため，「ゆさぶり発問」を触媒として4人の個性が自然と浮き彫りになっています。これらをまとめたものが以下に示す【表1】です。

執筆者	「ゆさぶり発問」について
山崎林平	・教師自身が教材へのゆさぶりをかけることであり，しかも教材によって教師がゆさぶられていることを意味する。(p.23) ・ゆさぶり発問は，はじめは外からのはたらきかけによって子どもをゆさぶり，次第に子ども自らゆさぶることができるようにしていかねばならない。(p.32)
加藤寛道	・極めて一般的に，子どもが生き生きとするような発問であるといえよう。(p.37) ・「ゆさぶり発問」をより確かなものにするための基本的な要点として学習形態の問題を考えなければならない。すなわち問題解決学習という社会科の本質に立たなければ，子どもをゆさぶるような授業，発問は成り立ち得ない。(p.69)
長岡文雄	・「ゆさぶり発問」は，子どもの思考をゆさぶる発問ではあるが，大きくは，子どもの人間としての生き方をゆさぶる発問ということである。何かの知識や理解をえさせるための，単なる指導技術におわってはならないものである。(p.70) ・三・四年生での「ゆさぶり」発問は，地域社会のつながった動き，社会の基本的構造，地域の人々の生きる念願などを掘り起こすものと考えてとりあげたい。(p.74)
糸井清	・ゆさぶり発問には，限定・類比・否定の三つがあるとしているが，いづれにしても学習のねらいを達するための発問である。(p.122) ・「ゆさぶり」とは，ある意味においては，子ども達にとっていつも社会的事象追求への問題意識を連続し，発展させるなにものでもないといえる。(p.122)

【表1】各執筆者の「ゆさぶり発問」に対する一見解

　それぞれの執筆者の「ゆさぶり」発問に対する見解を読み比べるだけでも本書の価値があります。

　山崎は，最終的に子ども自らゆさぶることができるようになることを目指しており，子どもの主体性へとつなげています。加藤は，低学年の発達段階

を考慮し，問題解決学習の中での「ゆさぶり発問」による対話的な活動の方法など学習形態の重要性を述べています。長岡は，子どもの生き方にも影響を与えるような重厚なとらえをしています。糸井は，高学年の実践例を多数紹介しながら，子どもの追究へのつながりの重要性を指摘しています。

　このように，それぞれの一見解を焦点化して見るだけでも，執筆者の個性が出ると共に，子どもが主体的に追究し，対話的な学びの中で授業のねらいに達成するという授業の変革と子どもの変容が目指されていることは共通しているでしょう。

　これは，今現在求められている資質・能力のための授業づくり，すなわち「主体的・対話的で深い学び」と同義のとらえができるのではないでしょうか。「ゆさぶり」発問という授業におけるわずかな一要素を掘り下げることが，授業づくり全体の関わりにつながり，また現在の教科トピックともつながる本書は，手に取る価値のある書籍だと考えます。

■豊富な実践例

　「ゆさぶり」発問を理論的に分析することはまず必要ですが，実際にどのように活用し，どのような効果があるかをイメージできるからこそ，読者の学びとなります。

　その点，本書『社会科のゆさぶり発問』は，各章で実践例が紹介されており詳細に解説されています。低学年の実践（当時）は，「みんなではたらくわたしの家」の単元の「はたらくおとうさん」で，ビニルハウスできゅうりを一生懸命つくっているおとうさんに対して「朝早くから夕方遅くまで働いているが，このおとうさんは，そんなにきゅうりが好きなのかな」とゆさぶっています。

　中学年は，長岡の「地下鉄乗り入れ工事」の実践例において，限定してのゆさぶり「三条通りには，さんぱつやさんがないのはどうしてだろうか」，類比してのゆさぶり「新しい奈良駅をつくるのに，国鉄のほうでは○○言うし，近鉄のほうでは△△言うし，どちらの言うことが正しいのだろう」，否定でのゆさぶり「この作文を書いた人は，むかしの人じゃないかな」という子どもの発言に「いや，今の人ですよ」と否定する，などが一例として紹介されています。また長岡は「考察」として実践例のすべての教師の発言を詳

細に分析し，なぜそのような発言をしたかを明記しています。子どもの見取りを含めて圧巻です。

　高学年では，「日本の工業」の単元において，公害の実態を調べれば調べるほど子どもは「公害反対」の考えを固めます。そこで「公害はみんな反対だね。では工場をなくしましょう。そこで作られている品物はなくなりますが」とゆさぶる事例が紹介されています。非常に明瞭な理解しやすい事例が紹介されていると言えるでしょう。

3 本書から得た学び

■ 視点の転換

　本書から得た学びとして私が一番活用していきたいと考えたことは「視点の転換」です。

　子どもがゆさぶられる，もしくは自分でゆさぶる状態は，子ども自身の見え方，つまり「視点」が変化しているとも考えることができます。渡部（1995）は，佐伯（1978）が「包囲型と湧き出し型」，宮崎・上野（1985）が「"見る"視点と"なる"視点」という表現をしたように2種類の活動に区分されることを述べています。「包囲型」と「"見る"視点」は，物体を様々な方向から眺めるようなときに必要な空間認知としての「見えの視点」ですが，もう一方の「視点」のとらえとして以下のような説明をしています。

　　自分とは別の人物の立場にたったとし，その人がどのように考えたり感じたりしているのかを類推するというような場面においてとられる，他者の中に置かれた視点のことである。　　　　　　　　　　　　　　　(pp.42-43)

　単元の中での授業構成において位置づけられたゆさぶり発問は，子どもの視点を動かし，ちがう立場の人の視点を取得させることもできます。いわゆる多角的に考えることができるようになるということです。学びが深まり，授業として価値あるものになるのではないでしょうか。

　つまり，ゆさぶり発問が子どもの視点を変化させる「視点の転換」の役割を担っていると考えることができます。

　小学校社会科においては「多角的に考える」という思考は特に重要かつ必要なものとしてとらえられています。「それはだれの立場からの意見ですか」「○○さんならどう考えますか」「あなたはどう思いますか」という立場性を問う発問などもゆさぶりをかけているととらえることもできるでしょう。

　そのために有効な手立ての一つとして「もし〜ならば……だろうか」という仮説的発問による仮説的推論があります。佐藤（2010）は，仮説的推論によって，仮定して見えた見方や解釈と，現実とのズレを認識することができることを述べています。

　日常の授業においても消費者，販売者，生産者，地域の立場，行政の立場，外国の立場，武士，町人，農民といったような様々な立場からの思考を促しているでしょうし，その立場を変化させる，つまり視点の転換を仮説的発問や限定発問，類比発問，否定発問など，立場性を問う発問や問い返しを意識することで実践することができるのではないでしょうか。　　　　　（石元周作）

〈引用・参考文献〉

落合幸子（1977）「視点の変換を促す教師発問の検討」日本教育心理学会『教育心理学研究』第25巻，第4号，pp.11-22

佐伯胖（1978）『イメージ化による知識と学習』東洋館出版社

佐藤章浩（2010）「小学校社会科における経済概念の形成—第3学年単元『スーパーマーケットのひみつをさぐろう』を事例に」全国社会科教育学会『社会科研究』第73号，pp.41-50

宮崎清孝・上野直樹（1985）『視点』東京大学出版会

吉本均（1975）『学習集団としての授業』明治図書出版

渡部雅之（1995）「わかる—他視点の理解」空間認知の発達研究会編著『空間に生きる—空間認知の発達的研究』北大路書房，pp.42-53

今でも「新しい」
社会科の授業づくり

大森照夫［編著］（1978）『新しい社会科指導法の創造　基本類型と実践例』
学習研究社

1 本書について

■作者について

　大森照夫は，1912年，茨城県潮来町生まれで東京文理科大学史学科を卒業されています。ちなみに，文理科大学は東京と広島にもあり，現在の筑波大学（東京教育大学），広島大学となっています。その後，東京学芸大学，東京女子体育大学の教授や日本社会科教育学会の会長をされています。

　私が，大森のことを知ったのは，社会科に関わる「事典」を探しているときでした。そのときに『社会科基本用語辞典』（1973）に出合い，その流れでこの書籍まで辿り着きました。この書籍は東京の先生や教育委員会の指導主事，東京学芸大学の教授，石川県の先生で書かれた共著です。おそらく，大森の理念に賛同した仲間で書かれた本ではないかと考えています。

2 本書の価値

　この書籍のまえがきにこの本の内容を端的に示した一文があるので紹介します。

　　『新しい社会科指導法の創造』という本書は，目標・内容・方法の三位一体的な把握に立って，現在社会科でみられる重要な指導法の基本類型を取り上げ，それぞれのもつ意義と機能を歴史的にまた目標原理的に解説して実践例を示したものである。　　　　　　　　　　　　　　　　　　（p. 1）

　この書籍は第Ⅰ部に目標と内容，方法が書かれています。また，方法につ

いては学習指導の理論と歴史が書かれています。さらに，第Ⅱ部では，その学習指導方法を12個に類型化し，それぞれの理論と22の実践例が示されています。

具体的に説明していきます。

教育の目標は望ましい人間形成のための教授と学習の活動が本質にあると述べられており，さらに社会科という教科の中では，「社会生活についての理解」「公民的資質の基礎を養う」ことが究極のねらいと述べています。

内容については，いわゆる学習内容や学び方も内容に含むとされています。ただ，社会科の難しいところは，社会の中の価値観が多様になったり，変化したりすることです。普遍的な教材が他教科に比べて少なく，常に学習内容をアップデートする必要があるのが社会科のおもしろさであり，難しいところでもあります。共著者の佐島は以下のように図解しています。

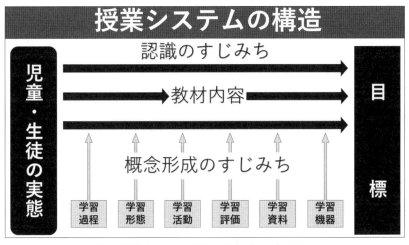

図1　授業システムの構造　佐島（1978）を加工

この図は非常にわかりやすく，子どもたちが教科の目標を達成するために，何がどのように必要なのかを示しています。この書籍の中では，学習過程，学習形態，学習活動，学習評価において主体化を図ると述べられていますが，情報端末を一人一台持ったことにより，残りの学習資料，学習機器までも主体化を図ることができるようになっています。

前述した学習指導方法と単元名を抜粋すると以下のようになります。

① 問題解決学習	小4：会社や住宅の多い地域と都民のくらし
② 系統学習・概念学習	小4：地域の開発
	小6：国の成り立ち
③ 範例学習	中3：軍部の台頭と第2次世界大戦
	中1：身近な地域
④ 構造学習	小4：雪国のくらし
	中歴史：明治維新
⑤ 完全習得をめざす学習	小6：明治の世の中
⑥ 発見学習	小6：武士のおこり
	中1：九州地方
⑦ 主体的学習	小4：神田上水と玉川上水
	中2：西南アジア
⑧ 検証学習	小5：特色ある畑作と畜産
	中3：農村社会の変化と農業問題
⑨ 探究学習	小3：人々のくらしと商店街のはたらき
	小5：近代工業の発達
	中1：身近な地域
⑩ 比較学習	小2：のりものではたらくおじさん
	中歴史：立憲政治の成立
⑪ KJ法学習	小2：お店ではたらく人々
	中1：身近な地域
⑫ 学び方学習	小2：しょうぼうのおじさん
	中1：文明のおこり

　これを見て驚かれた方もいるのではないでしょうか？　探究や主体的といった今現在，注目されているような言葉が当時から使われていることがわかります。すべて紹介することはできませんが，一部紹介していきます。

■ 探究学習の理論と実践

　今，注目されているPBL（プロジェクト型学習）や探究的な学びといった基となっているであろう探究学習の理論と実践について見ていきます。

　探究学習について説明している部分を抜粋すると，

　　探究学習は社会の色々な事象を児童・生徒に主体的に探究させ，その過
　程を通して，社会の本質にせまる基本的な資質（中心概念の形成という）

と，好ましい探究力（情報処理能力の育成という）を身につけさせていく
ことをねらった学習法である。 (p.228)

となっています。また，ここで言う情報処理能力というのは，探究学習を
進める中で「探究問題を設定する力」や「仮説を立てて検証していくことの
できる力」とされています。探究学習の理論は以下のように図解されていま
す。

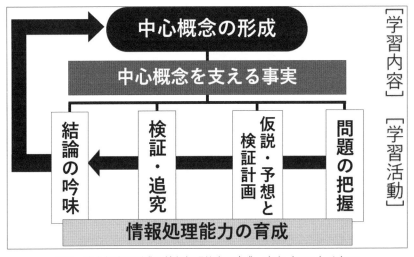

図2　中心概念の形成と情報処理能力の育成　木山（1978）を加工

探究学習は実践例が3例（松村、梶井、木山）あるのですが，ここでは小
学3年生の「人々のくらしと商店街のはたらき（松村実践)」について挙げ
ていきます。商店といった案外とらえにくい仕事を，比べることや動画を用
意することで明らかにしていっています。

《問題の把握》

交通規制前後の商店街の様子の映像を3つの視点（歩行者，道路，車）で
見せることによって，交通規制後の方がゆっくり買い物をしていることに気
づき，学習問題をつかむことができるようにしています。

【学習問題：買い物客がのんびりと買い物しているのはなぜだろう】

《仮説・予想と検証計画》

のんびり買い物している理由を予想させることで，検証・追究の見通しをもつことができるようにしています。また，途中で交通規制の看板にブラインドをかけておくことで，この後の追究時にどこを見たらよいのか明確にします。

《検証・追究》

時間と場所などが示された看板について話し合うことで，のんびり買い物している理由について思考しやすくします。

《結論の吟味》

販売者と消費者のインタビューを聞かせることで，それぞれの人の気持ちや考えをもち，新たな問題に気づくことができます。

今回示したのは，1時間の流れですが，この単元では，消費者のみの視点だったものから，販売者の視点も考えることができるようにするのがポイントです。子どもが主体的に探究できるようによく練られていることがわかります。

3 本書から得た学び

【昔の本だが新しく感じる】

この書籍で示されているものの中で，昔を感じるのは，教材の内容です。前述したように，社会自体が変化すると，社会的事象も大きく変わってきます。そうすると，社会的事象のもつ問題も変化していきます。

しかし，学習方法や教材の切り口などは今でも参考になることが多いのではないでしょうか。特に，個人的には，「第12章　学び方学習」などもぜひ読んでほしいところです。「個別最適な学び」「自己調整学習」「探究的な学び」につながる部分が大きかったです。

「不易と流行」という言葉があり，上記のような言葉は流行のように感じられるかもしれませんが，不易であることがわかります。その不易な部分が一人一台端末の導入によって，再びクローズアップされている部分はあると思います。

「何を（学習内容）」「どのように（学習方法)」学んでいくのかを子どもに委ねることで，生まれながらに有能な学び手をよりよい学び手に育てていきたいものです。
（近江祐一）

〈参考文献〉
大森照夫（1973）『社会科基本用語辞典』明治図書出版
木村明憲（2023）『自己調整学習―主体的な学習者を育む方法と実践』明治図書出版

目的に応じた技術
―文脈の中での活用―

日台利夫（1981）『社会科授業技術の理論』明治図書出版

1 本書について

　著者の日台利夫は，1930年長野県生まれ。1955年信州大学教育学部を卒業後，長野県及び東京都の公立小学校教諭，東京都昭島市教育委員会，東京都立教育研究所指導主事を経て，東京都教育庁指導主事，東京都立多摩教育研究所所長，静岡大学教育学部教授などを歴任されています。社会科だけでなく，生活科や総合的な学習の時間に関する著書もあり幅広く活躍されたことがわかります。

　『社会科授業技術の理論』という重厚な書籍名が個人的にはそそられます。古書には，詳細な実践記録を綴ったものも多く，子どもとの具体的なやりとりや子どもの息遣い，教師の教材への向き合い方や深め方，授業の進め方など具体的に参考になる面も多く，古書を読む一つのメリットだと考えます。しかし，この書籍は実践記録とはいわば正反対の，授業について教師の側から抽象化・一般化を図っている書籍と言えます。日台は，

　授業技術とか指導技術ということばは，指導の目標，内容と切り離された手段という意味を含めて，やや否定的なニュアンスで使われる傾向があった。
（p. 1）

と述べている通り，技術を追究することは子どもの論理を置いてけぼりにするような印象をもってしまうこともあるかもしれません。

　しかし，実践的な概念としての授業技術は，教師が目標，内容を主体的にとらえ，教材の論理や子どもの実態に即して創造的に子どもにはたらきかけていく実践の過程で生み出されていくものである。したがってこれまでの優れた実践の中から教師の努力の裏付けとなるような理論と技術を探

　り出し，一般化していくことは，一人一人の教師の力量を高め，社会科の
　理想と現実の間に横たわるギャップを埋めていくうえで極めて大切なこと
　である。 (p.1)

と述べています。理想と現実のギャップを埋めていくための手立てが授業
技術であり，子どものよき学びにつながると考えます。

　古書を漁り始めた時期に，理論的な書籍として目に留まったのが本書でし
た。「社会科教育全書シリーズ15」ですが，社会科教育全書シリーズは個人
的には良著なものばかりだと思っています。そのためでしょうか。おそらく
なかなか手に入らないと思います。

　本書の第Ⅱ章から第Ⅴ章までは，1977年4月から1979年3月までの2年間，
『教育科学/社会科教育』誌（明治図書出版）に「社会科授業技術の研究」と
いう連載で書かれたものに補筆や追加をしたもの，第Ⅳ章は，同じく『教育
科学/社会科教育』誌に発表された論文に手を加えたものです。だからこそ，
本書で示されている授業技術は実践的で具体的であり，重厚な題名ではあり
ますが，読みやすい印象があります。

2 本書の価値

■社会科指導の歴史的変遷

　第Ⅰ章に戦後の社会科教育における授業技術の流れが「社会科指導の歩み
から」というパラグラフで示されています。

（1）昭和20年代──問題解決的な学習過程の重視──
（2）昭和30年代──系統的な指導の重視──
（3）昭和40年代──教えこむ授業から学びとらせる授業へ──
（4）昭和50年代──個性や能力に応じた主体的な追究の重視──

　この項目だけ見ても，歴史的変遷は見えてきますが，このパラグラフによ
って，いわば社会科指導の歴史的変遷を概括的にとらえることができます。
社会科指導を俯瞰して見ることは，現在がどういう位置にあるのかを相対的

に見ることができます。本書の初版が1981年（昭和56年）ですから，この当時の学習指導要領では，「自ら考え正しく判断できる力をもつ児童の育成」を重視し，以下の３点が目指されました。

① 人間性豊かな児童生徒を育てること
② ゆとりのあるしかも充実した学校生活が送れるようにすること
③ 国民として必要とされる基礎的・基本的内容を重視するとともに児童生徒の個性や能力に応じた教育が行われるようにすること　(p.26)

③は現在の教育の話題の中心となっている「個別最適な学び」に通じます。さらに，

ひとりひとりの子どもが，それぞれの個性と能力に応じて，いきいきと主体的に追究していくような新しい社会科の授業を創り出すために，私たちの実際的な指導の場面で力となる実践的な理論と，その裏付けとなる具体的な技術を，これまでの社会科教育の遺産に学びながら創り出していかなければならない。　(p.26)

と日台は述べています。どんな学習方法であれ，教師の指導性は必要です。本書から「教師の指導性」とは何かを見出すことができるでしょう。また，本書が述べる社会科授業の現状と課題は，以下の５点です。

（1）子どもひとりひとりが，意欲をもって学習に取り組んでいるだろうか
（2）子どもは自ら考えているだろうか
（3）子どもは学習の基礎的な方法を学んでいるのだろうか
（4）子どもは基礎的な知識や技能を確実に身につける学習をしているのだろうか
（5）教師は子どもとともに知的な追究をしているだろうか　(pp.11-15)

現在でも，いやどの時代にも共通する普遍的な課題ではないでしょうか。

課題克服のため，「理想と現実のギャップ」を埋めるための授業技術です。

■授業技術とは何か

日台は，「技術」について，

> 本来，技術とは，思想によって導かれるものであり，学問を実地応用するわざ　　　　　　　　　　　　　　　　　　　　　　　　*(p.18)*

と述べています。そして，これを教育の場で考えると，

> ある教育の目標，内容が，学習者に効果的に受け止められることを目指して用いられる方法，手続きの客観的な体系をその教育活動における技術
> 　　　　　　　　　　　　　　　　　　　　　　　　　　　　*(p.18)*

と定義づけています。そのためには，どんな子どもを育てたいのか，また子どもはどんなことを望んでいるのか，を考慮した「目標」と目標達成に必要な「内容」がないと「技術」は生まれないのです。一般的に「手段が目的化している」という批判がよくあります。意識しないと教育技術習得が目的になる恐れがあります。

ただ，その技術は「客観的な体系」である必要があります。教育は目の前の子どもたちのために実践されていますので，「その学級」の「その子ども」には「その方法や手立て」が効果的であった，という固有の文脈性があるでしょう。しかしそれを目的論に沿って言語化することが技術になると考えます。

このように普段当たり前のように使っている「教育技術」「授業技術」といったものを考え直すきっかけを与えてくれます。

■事典的活用

本書のⅡ章から第Ⅴ章までの目次は以下の通り（**図1**）です。

Ⅱ 学習指導計画の立案
一 指導案を立てることの意味
二 指導案の形式
三 指導案の内容
四 指導案作成の手順と方法

Ⅲ 子どもを生かす学習活動の構成
一 調査研究活動の指導
二 野外観察の指導
三 話し合い活動の指導
四 グループ学習の指導
五 作業的学習の指導
六 劇的表現活動の指導

Ⅳ 主体的な追究を促す授業の技術
一 発問の工夫
二 板書の工夫
三 社会科学習ノートの扱い方
四 カード利用の工夫
五 学習環境の構成

Ⅴ 自ら学習する方法を学ばせる教材・教具の活用
一 教科書の活用のし方
二 社会科副読本の活用のし方
三 参考図書・年鑑・事典等の扱い方
四 地図の扱い方
五 地図帳の使い方
六 事物的資料（実物・標本・模型等）の扱い方
七 遺物・遺跡の扱い方
八 歴史年表の扱い方
九 新聞・雑誌等の切り抜きの扱い方
十 統計・グラフの読み方・つくり方
十一 テレビの使い方
十二 スライド教材の作成と活用のしかた

図1　第Ⅱ章～第Ⅴ章の目次

社会科授業における授業技術をかなり網羅していますので，最初から順に読んでいくのもいいですが，手元に置いておき，必要があるときに読む，見返す，確認するといったように事典的な活用の仕方もできるでしょう。「子どもを生かす学習活動の構成」「主体的な追究を促す授業の技術」「自ら学習する方法を学ばせる教材・教具の活用」などの表現からも「目的あっての技術」「思想があっての技術」という日台の強い意志を感じます。

3 本書から得た学び

■社会見学を効果的にするために

第Ⅲ章の一「調査研究活動の指導」において，一般的には①社会的現象の痕跡をその上に残している資料，映画，写真，録音などの諸資料を分析すること，②社会的現象そのものを調査，面接，質問などによって直接観察する方法，２つに分類できると述べられています。②はいわゆる社会見学に該当すると考えられます。社会見学は，私もなかなか効果的に実践できていないという実感がありました。すでに年間行事の中に組み込まれてあらかじめ行

く場所が決まっていたり，ワークシートなども作成しますが，書いても活用できていなかったりしていました。

> 　いずれの方法をとる場合にも，方法的配慮として重要なことは，①対象をどのような視点から，②どのような方法を駆使して把握するか，またその結果を，③どのように表現したり発表したりするか等々について，見通しをもって指導することである。　　　　　　　　　　　　　　　　(p.46)

と日台は述べています。ポイントは見学の「視点」だと考えます。視点が定まっていないと本当に「見るだけ」で学びがない状況になります。視点の指導については，３点が述べられています。

> （１）目のつけどころは問題意識によって決まる
> （２）具体的な事実への対面は視点を明確にする
> （３）個性的な見方・考え方を尊重する　　　　　　(pp.46-48)

方法の指導については４点です。

すべてを網羅した社会見学は難しいと思いますが，これらの視点のいくつかを意識した社会見学にしたいものです。

> （１）目標，内容にふさわしい方法を選ぶ
> （２）既習経験を生かす
> （３）現実性のあるより妥当な方法を，子どもと共に追究する
> （４）方法を重視し，計画，評価，訓練の場を設定する　　(pp.49-54)

■ 視点を明確にした４年生の社会見学

この『社会科授業技術の理論』を活用した私の実践を紹介します。

人々の健康や生活環境を支える事業の学習では，おそらく教材として取り上げる社会インフラは水道事業が一番多いと思います。そして地域の浄水場に見学に行くことがセットになっていることが多いと思います。そもそも小学校の社会見学に事業所も対応している場合がほとんどで，見学がしやすい

こともあるでしょう。

　しかし，水をきれいにする浄水場のしくみは焼却工場などとはちがって，工程も多く，意外と理解するのが難しく感じます。単元計画通りに見学できることも少ないかもしれませんが，単元のどの段階で行くのかによって見学の意味合いも変わってくるでしょう。

　しかし，単元導入の興味づけや単元終わりの確かめの見学はもったいないです。やはり「水をきれいにする仕組みを理解する」ことが実際に行って見ることのよさだと考えます。そこで，見学の前時に教科書と映像資料を活用し，浄水場の水をきれいにする工程をあえて学習しました。（図2）

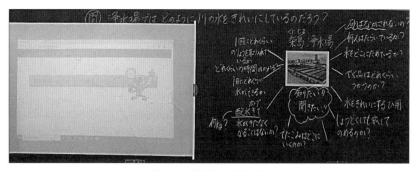

図2　見学前時の板書写真

　硫酸バンドや高度浄水処理といった難語は補説をし，おおまかな概要をつかみ，その上でどの工程を見たいのか，そして何を見たいのかという問題意識からの視点をもつ場を設定し，共有しました。

　ワークシート（図3）にもその視点を記入しておき，見学して実際はどうだったのかを書くようにしました。そのおかげか，当日の水道局の方の説明が理解しやすく，見る視点が明確なので，迷いなく書けている様子がありました。

　また，当日は質問する時間が少なかったので，後日子どもが見学しても解決しなかったことを水道局に送り，返答していただきました。それだけ質問が多かったということです。

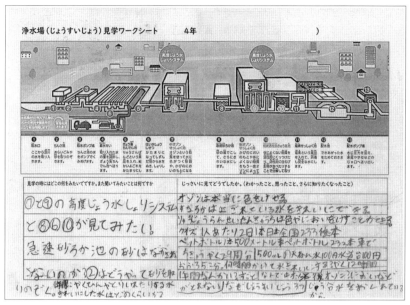

図3　子どもが記入したワークシート

■ICTへの活用

　第Ⅳ章と第Ⅴ章には，現在ではICTに置き換えることで活用できるものが
あります。それぞれに「意義」と「方法」が示されているので，不易の部分
が何かを見極めることが大切です。

　子どもが活用技術を習熟していけば，より短時間で効率よく調べることが
できます。しかし，原点に戻り，アナログのメリットもあります。ハイブリ
ッドでうまく活用していきたいものです。

（1）記入カード利用の工夫➡PCにおけるメモ機能や付箋機能として

　カード利用は子どもの活動性を保証し，主体的な行動や自由な発想を促す
ことができるでしょう。意見の発散，分類，整理の場面で活用しやすいでし
ょう。①学習問題に対する予想や仮説を発散，分類，整理する場面，②社会
的事象の意味追究を共有する場面などが考えられます。子どもが使う意味と
効果がわかることが大切です。

（2）新聞・雑誌等の切り抜きの使い方➡PCによる情報収集・保存

　もちろん，新聞・雑誌は今でも活用できますが，子どもの活用も考えるとインターネットによる情報収集は必須でしょう。教師としては，①子どもによくわかるか，②学習目標や内容に合っているか，がポイントであると述べられています。

（3）テレビの使い方➡動画の活用

　この『社会科授業技術の理論』が出版された時代は，テレビは事前に確認できない一回性のものとしてポイントが述べられています。現在は，事前確認はもちろん，編集も可能であるので，参考にできる点は①活用の位置づけ，②事前・事後指導の在り方です。①は授業のどの段階で活用するかです。興味づけ，学んだことの確認のための使用が多く，動画そのものを調べるための資料として活用することが案外少ないのではないでしょうか。

（4）スライド教材の作成と活用のしかた➡パワーポイントの作成と活用

　この当時はスライド1枚作成するのに多大な労力がいったでしょう。だからこそ，作成する意義が非常に大切されていました。教材研究と，どこで使用するのか，本当に必要なのかを検討することが大切です。

　社会科としての固有性は薄れる部分はありますが，「何のためにするのか」という日台が一貫して述べている目的性が浮かび上がります。　　（石元周作）

〈参考文献〉
おおさか環境科教材編集委員会（2022）『おおさか環境科　小学校3・4年生〈第11判〉』
大阪市環境局総務部企画課

「個別最適な学び」の潮流と指導の今後

山崎林平（1985）『社会科個別指導入門』明治図書出版

1 本書について

■ 山崎林平が重視した個別指導に対する考え方

　山崎は，1955年に宇都宮大学を卒業後，小学校教諭・指導主事・教頭・副校長・校長など様々な立場から社会科教育に携わってきた人物です。多数ある山崎の著書では，「発問」「板書」「評価」から「授業技術」「指導法」に至るまで，幅広い視野から社会科教育について述べられています。これら山崎の著書の中で，共通してクローズアップされている点は「子どもの姿」です。『社会科個別指導入門』はこれら著書の中で，その点が最も色濃く出された

<table>
<tr><td colspan="2">Ⅰ　いま，問われている社会科授業の課題</td></tr>
<tr><td>一，社会科授業の課題</td><td>二，社会科一斉指導の吟味</td></tr>
<tr><td colspan="2">三，個人差に応じた社会科授業</td></tr>
<tr><td colspan="2">Ⅱ　社会科 個別化指導のすすめ方</td></tr>
<tr><td>一，個別化指導の実践的課題</td><td>二，子どもの個人差のとらえ方</td></tr>
<tr><td colspan="2">三，個別化・個性化をめざす教育課程</td></tr>
<tr><td colspan="2">四，個人差に対応した社会科授業システム</td></tr>
<tr><td colspan="2">Ⅲ　社会科 個別指導の展開方法</td></tr>
<tr><td>一，一斉指導の中の個別指導</td><td>二，進度差に応じた個別指導</td></tr>
<tr><td colspan="2">三，到達度差・習熟度差に応じた個別指導</td></tr>
<tr><td colspan="2">四，学習スタイルに応じた個別指導</td></tr>
<tr><td colspan="2">五，興味・関心に基づく課題別による個別指導</td></tr>
<tr><td colspan="2">Ⅳ　社会科 個別指導の実践展開</td></tr>
<tr><td>一，授業の展開計画</td><td>二，展開過程における個別指導の場と方法</td></tr>
<tr><td colspan="2">三，個別指導の多様な実践例</td></tr>
<tr><td>Ⅴ　個別化指導の今後の課題</td><td>(pp.4-8)</td></tr>
</table>

ものの一つです。そこで，まずは書籍の章立てに目を向けてみたいと思います。章立ては，左に挙げた通りです。

　この章立てを見て，ある教育用語との結び付きを想起された方も多いと拝察します。そうです，「個別最適な学び」とのつながりです。

　授業における個別指導は，安彦忠彦（1980）によって示され，問われています。安彦は，個別指導は「指導形態」ではなく，「指導原理」であると論じています。よって，「指導形態」として述べる場合は，「個別化」「個性化」の用語を用いるとしています。この用語は，文部科学省（2021）から示された「個別最適な学び」に関連する答申においても「指導の個別化」と「学習の個性化」に整理されています。

　これら授業における「個別化」・「個性化」において，山崎が重要視したことは，教育課程です。その重要性について，山崎は次のように述べています。

　　一人の子どもの存在は，個性をもったものである。だから集団の一員としてみたとき，個人差としてとらえられる。そうすると，教育課程は，個人差に対応できるためのものでなければならないということになる。
　　そこで個人差をもう少し具体化し，能力差（学力差と押さえてもよい）と興味・関心・性格・態度など狭義の個人差に分けてみる。そして能力差については，伸ばし育てることを主眼とし，個性差については生かし育てることを主眼とする。
　　　　　　　　　　　　　　　　　　　　　　　　　　(pp.77-78)

　ここで着目したい言葉は，「伸ばし育てること」と「生かし育てること」です。山崎は，個別指導において，この点を明確に分けて考えています。また，これらから共通して育まれていく力として「自己教育力」を挙げています。これは，現在「個別最適な学び」について語られる中で，教育用語として頻繁に使用される「自ら学習を調整する力（自己調整力）」に置き換えることができるものです。

　では，これら山崎が考える個別指導について，教科教育である社会科においては，どのようなことがポイントになるのでしょうか。

2 本書の価値

■ 社会科における個別指導のポイント

　社会科における個別指導について触れる前に，山崎は一斉指導（著書では，一斉授業と同義として記載）については，どのように考えていたのでしょうか。山崎の一斉指導に対するとらえと，課題として挙げていることを要約すると，次のようにまとめることができます。

【山崎の一斉指導に対するとらえ】

・一斉授業であっても，一斉指導のみといったことはほとんどなく，そこには，子ども自身による何らかの学びが見られるものである。

・一斉授業に，一斉指導や一斉学習，個別指導や個別学習が適切に位置されるものであれば，決して悪いものではない。

【山崎の主張する一斉指導の課題】

・一斉指導については，目標の画一性，教材の単一性，評価の画一性，テスト・点数による画一性と管理性に根本的な課題がある。

・学習形態が一斉であれ，グループであれ，たとえそれが個別であっても，授業展開の中で具体的に学習者の学びとして反映されているものは，教師自身の考えが入り，トータル的に画一的なものを育んでしまう危惧がある。

　このように，山崎は一斉指導について決して，否定的なわけではなく，また一斉指導か個別指導かというような対立形式でとらえているわけでもありません。山崎は，これらのとらえから一斉指導の問題点については，次のように指摘しています。

> 　教育という仕事は，子どもの個にはじまって個に終わるものであることが基本原則である。一斉授業の多くはこの原則を具体化されていないところに問題がある。
>
> (p.21)

　ここにある「子どもの個にはじまって個に終わる」という言葉からも，山

崎がいかに子どもたち一人ひとりの（個人の）学びの姿を，教育として大切にしていたかを見取ることができます。さらに，その個人の学びを取り巻く環境については，次のように示しています。

> 子どもは，発達主体として存在し，それは環境との相互作用によって徐々に発達していくものである。（中略）つまり，一人の子どもを発達させる環境として，教師，教材，集団が必要条件としてあると思う。(p.21)

これら一斉指導に対する考えや個人の学びを取り巻く環境のとらえをベースに，山崎の挙げる社会科の個別指導におけるポイントについて，単元の導入・展開・終末場面という括りで見ていきましょう。

【単元導入場面における個別指導に向けてのアプローチ】

【キーワード】 ← ① 導入教材 ② 問い

山崎は，教師が子どもたちの実態に即して，導入教材を精選しておくことによって，その教材に含まれるズレから生まれた子どもたちの問いは個性的ではあるが，意外と大きなバラツキが見られないものであると示しています。これは，意図的な導入教材の提示によって，単元でのおおよその学びの方向性が示されているからです。

ここで，今後の個別学習を成立させるためにしてはならないことは，「問いの共通問題化」だとしています。また，これに付随して，教師が子どもたちの問いを教師の都合で要約してしまったり，安易に問いを類型化してグループ学習へ進んでしまったりすることは，子どもを大切にする教育とは相入れないとしています。子どもたちの問題意識をバネとして，次の学習（学習単元の展開場面）へと発展させるのであれば，学習者の社会的事象への解釈に基づきながら，それぞれの問いから共通して調べていける点や確かめていける点を模索することの重要性を示しています。

【単元展開場面における個別指導の在り方】

【キーワード】 ← ① 社会事実認識 ② 社会的判断

山崎は，社会事実認識の段階は，一斉指導によって事実を把握させ，社会

的判断を行う段階においては，主として子どもが個別に思考することを提唱しています。また，この単元展開場面での個別学習による個性化教育が最も重視されるべきであると述べています。学習者である子どもが最も主体的に学習できる場面がここであり，教師は子どもがそれぞれの学習スタイルに応じた学びが展開できるようにサポートすることの重要性を示しています。

【単元終末場面における個別指導の在り方】

　【キーワード】 ← ①自由学習 ②発展的な学習

　山崎は，単元の終末場面における，自由学習の有効性について述べています。自由学習とは，山崎の定義によると，学習内容，学習方法ともに子どもの興味・関心，意思に基づいて行われる学びであり，「自学自習」「一人学習」と同義であるとしています。この学習のねらいは，これまでの学習単元での学びを通して，身につけてきた社会的事象に対する知識や技能も生かしながら，未知の対象（新たな問い）に対してどれだけ挑戦できるかを体験する場だとしています。これらは，今日の発展的な学習の時間として位置づけることが可能であると共に，探究的な学びの一場面としてとらえることも可能です。学習者である子どもたちが，それぞれの学びの方向へと個別に進んでいくため，個別に学びの状況を把握する必要があります。また，ここではこれまでの学びから，子どもたちの自由学習における問いが生み出されます。そこでは類似した問いをもつ子どもが必ず出てきます。ここで教師は，それらに気づかせたり，つなげたりする役割を担うのです。現在は，この気づかせたり，つなげたりすること自体も，例えばICTを活用しながら，子どもたちでその形を創造していくことも可能です。その状況において，一人で自由学習を進めていくのか，グループで学習を進めていくのかについても「子どもたちに任せる」ということが肝要であるとしています。

3 本書から得た学び

■個別指導と教師の役割

　指導は教師の役割です。その語意は，「ある意図した方向へ教え導くこと」となっています。この語意を汲み取ると，山崎の示すところの一斉指導にお

いて，よりフィットする言葉のように感じられます。

　個別指導における教師の役割とは，子どもたちの学びの計画・立案，そして実施を支援するファシリテーションではありますが，その中にも指導という要素が含まれているのではないでしょうか。近年の「個別最適な学び」の広まりによって，教師の「指導の在り方」が改めて見つめ直されています。この書籍を通じて「個別最適な学び」に対する教師の最適な指導について，教科教育の個別指導の源流を辿っていくことから，教師それぞれがもつその最適解について思考を巡らせることができます。「個別指導」と「個別最適な学び」，その架け橋となるこの一冊を起点に，子どもの学びの姿とその在り方について，再考し続けていきたいものです。　　　　　　　（中村祐哉）

〈引用・参考文献〉

安彦忠彦（1980）『授業の個別指導入門』明治図書出版

奈須正裕（2021）『個別最適な学びと協働的な学び』東洋館出版社

宗實直樹（2023）『社会科「個別最適な学び」授業デザイン 理論編』明治図書出版，pp.72-75

文部科学省（2021）「育成を目指す資質・能力と個別最適な学び・協働的な学び（3）個別最適な学びと協働的な学びの一体的な充実①個別最適な学び」https://www.mext.go.jp/a_menu/shotou/new-cs/senseiouen/mext_01491.html【最終閲覧日：2023年8月1日】

教師が発問を追試した時代

有田和正（1988）『社会科発問の定石化』明治図書出版

1 本書について

■全国の教師たちが注目した有田和正実践

　本書が発刊された1988年2月，有田は筑波大学附属小学校の一教員として初等教育研修会で授業を公開していました。当時，社会科教育で新たな提案を次々とされていた有田の公開授業には，全国から数多くの教師が参集していました。学校内の教室では参観者は入りきれず，特別に近くの会館で授業を行うことになっていました。普通教室の何倍もあるその会場に参観者が数百名はいたでしょう。小学校教師3年目の私もその一人でした。

　授業は第3学年社会で，内容は「町のうつりかわり」でした。子どもたちが調べ学習をして活気のある意見交換をします。その子どもたちに対して，有田は発言を受け止めつつ，発問でゆさぶりをかけます。子どもたちは，「先生，ちがうよ」，「ぼくが考えたのは……」と，さらに熱く発言し続けます。どんどんと話し合いが深まる様子に，私は衝撃を受けました。多くの参観者も同じだったことでしょう。

　このように1992年に大学教員になるまで，有田学級は全国の教師にとっては注目の的でした。当時参観した教員の多くは有田実践を目標にして追試し，教師としての力を高めていきました。その影響力は巨大なものでした。

■有田の発問との出会い

　本書の冒頭には有田が若い頃に出会った発問が書かれています。

　一つは初任時代に参観した授業です。戦争映画において機関銃で人がバタバタと倒れるところをおもしろいと言った子どもたちに，「バタバタと倒れて死んでいく，あれが君たちのお父さんや，兄さんだったらどうですか？」（p.9）という発問です。子どもたちはハッとし，涙を流す子もいました。戦争を自分事として考えざるを得ない発問です。

　もう一つは，有田が教師になって5年目に参観した奈良女子大学文学部附属小学校（当時）の長岡文雄の郵便ポストの授業です。ポストの屋根がうまくつくれなかったグループの発表後に「屋根がつけにくいのなら，無理につけなくていいじゃないか。屋根なんていらないよ。」(p.11) と長岡が言いました。それに対して，子どもたちの目がらんらんと輝き，必要な理由を熱心に説明しだしました。この授業を参観した有田は「完全にうちのめされた」と言っています。子どもの思考をゆさぶり，子どもたちが追究するようにする発問の重要さを感じたのでした。

■「発問の定石」の定義

　定石のもともとの意味は，「囲碁で昔から研究された最善とされる決まった石の打ち方」のことです。それが転じて，「物事をするときの最上とされる方法・手順」という意味として，一般的に使われています。
　有田は，発問の定石及び定石化について次のように述べています。

　誰がやっても大体同じような成果をあげることができるような発問，これを「発問の定石」とよぶことにする。
　発問の定石化をはかるには，「追試」が必要である。くり返しの追試によって，「発問の定石」が財産として残されることになる。　　　(p.19)

　1980年代は発問の研究がより盛んになった時代です。発問の分類化も研究として提案されています。有田も子どもを動かす発問として，「思考を焦点化する発問」「思考を拡散する発問」「思考を深化する発問」等を具体例として述べています。その発問の中から，子どもたちが熱中する発問を教材とともに提示し，発問の定石化の可能性を図っているのが本書の特色と言えるでしょう。

2 本書の価値

■理論の中に実践があり，実践の中に理論がある構成

　本書は次の4つの内容から構成されています。

Ⅰは発問の役割を述べつつ，当時新たな動きであった「発問の定石化」への有田のとらえが書かれています。Ⅱには，発問の定石化のために必要と考えられる前提条件（特に「追試」の在り方）が述べられています。Ⅲは発問が明記された有田実践が詳しく書かれています。Ⅳはその時点での問題点を指摘したものになっています。

構成を見るとⅠ・Ⅱ・Ⅳが理論的な内容で，Ⅲが実践的な内容と思われるかもしれません。しかし，実際にはⅠ・Ⅱ・Ⅳは実践的な内容をもとにしており，Ⅲにも多くの理論的な内容が書かれています。そのため，読者は実践と理論をともに考えながら読まざるを得ません。それは，必然的に実践例の背後にある有田の考えを学ぶことにつながります。

■追試の実践報告の条件の明確化

先に述べたように，有田は「発問の定石化」のために追試が不可欠と述べています。しかしながら，実際に「発問だけ」をそのまま真似ただけでうまくいくことは少ないと思われます。そこには一定の条件があります。

本書のⅡの中で，追試ができる実践報告の条件として，有田は次の4つの内容を示しています。

・追試したくなるおもしろい教材（ネタ）が示されていること
・少ない資料を有効に使った実践であること
・有効な具体物が提示されていること
・ユニークな発問・指示・説明がなされていること

これらは社会科授業での発問の定石化を考える点で大きなヒントとなります。追試の実践報告には，発問以外にも教材の価値，授業での教材活用の工夫，指示や説明が重要だということです。さらに，有田は「子どもの動きを示すこと」も発問の効果のバロメーターと指摘しています。

これらは「すばらしい実践だが追試ができない」という実践報告への問題

提起であるとともに,「実践が発問のみクローズアップされることの危うさ」
への指摘とも考えます。発問研究は教材研究と子ども研究をすることである
という有田の考えが,明確化されていると言えるでしょう。

■圧巻!「バスのうんてんしゅ」の発問群

　本書のⅢには,「バスのうんてんしゅ」(２年生社会科・1986年)の授業記
録が23ページにわたって記録されています。教師の発問と子どもたちの反応
が細かく再現されており,文字の授業記録からでも教室の熱気が伝わってき
ます。

　その中に,「発問１」「発問２」といった形で10の主発問が明記されていま
す。これらの発問群は圧巻と言えます。

・発問１「バスには,タイヤが何個ついていますか?」
・発問６「運転手は,運転しているとき,どこを見て運転しているのでしょ
　う?」
・発問10「バスの運転と電車の運転は,どちらがむずかしいでしょう。」

　一つひとつが子どもたちの思考を活性化するものですが,それらが意図的
に組み合わされています。優れた発問群を教師が追試することで,子どもた
ちが追究するしかけを追試者が学ぶことができます。

■固定化への否定

　有田は発問の定石化を提案しつつ,それが固定化されていくことを次のよ
うに否定しています。

　　いくら積み重ねても,「これが定石だ」という固定したものはできない
　ということである。固定化したとき,それはもはや「定石」ではない。
　　「定石」は,常によいもの,誰にでも使えるものを求めて「工夫され続
　けている状態」「使われている状態」にならなければならない。こういう
　状態こそ,いちばんよく「使える技術」になっているからである。(p.243)

　たしかに学級の子どもたちが異なれば,追試するにしても何らかの工夫は
必要になってきます。また,教師自身が授業を考える中で自分なりのデザイ

ンを工夫することもあると思われます。

　有田自身も佐久間勝彦の授業記録から，自分が納得する形で「戦後四十年」という授業を創り，何度も「戦後〇〇年」という形で追試しています。自分なりにアレンジして追試していくことの大切さを自ら示していると言えるでしょう。

3 本書から得た学び

■発問の分析に生かす

　発問は追試するだけではなく，分析をすることでその発問の意図を理解することができます。私も先に述べた「バスのうんてんしゅ」の発問群を分析することで，応用可能な学びを得ることができました。

　例えば発問1の「バスには，タイヤが何個ついていますか？」は，数を問う発問です。答えは一つしかないはずですが，授業記録では複数の答えに分かれ，根拠を基にした話し合いにつながっています。この発問には「子どもたちにとって曖昧な部分を問う」という原則が示されているでしょう。

　しかも，この部分の話し合いの最後には「タイヤの数はわからないことにしておきます」として終了しています。あえてオープンエンドにしておくことで，子どもたちが追究していくことをねらっているものと推測されます。このときの授業後には実際に子どもたちは自主的に追究しています。

　これらのことから，「曖昧なところ（子どもたちが知っていそうで正確なことは知らないところ）を問う」発問を行い，オープンエンドにして追究する授業構成が考えられます。

　同様に他の発問でも，発問6「運転手は，運転しているとき，どこを見て運転しているのでしょう？」では，「見る」という知覚に関わる用語を発問に入れる効果が，発問10「バスの運転と電車の運転は，どちらがむずかしいでしょう」では比較することの効果があると分析することができます。

　このように自分なりに発問を分析することで，発問の技術はもちろん，その活用方法の理解も深まることでしょう。

■ 追試して伝える「戦後〇〇年」

　有田が実践した「戦後〇〇年」を，私は飛び込み授業や勤務先の大学生相手の講義，教員向けの講座等で追試させていただいています。中心発問である「日本は，第二次世界大戦では，さかんに戦争しました。ところが，第二次世界大戦後は〇〇年間も戦争をしてないのはなぜですか。」は基本的に変えずに，前後の資料を学習者の実態に応じてアレンジしています。

　2022年は戦後77年だったので，その年の私が追試した授業では1945年の77年前が明治元年ということに着目させました。明治時代から太平洋戦争が終わった1945年までと，そのときから2022年までが同じ期間だったことに，受講した学生たちは日本の平和の長さを実感したようでした。そのため，先の「77年間も戦争をしていない状態」を考えるための意欲がより高まりました。

　この「戦後〇〇年」は，現在まで様々な実践者によって追試が行われています。年数でいえば，三十数年以上続いています。まさに「発問の定石化」の象徴となるような実践と言えるでしょう。　　　　　　　　　　　（佐藤正寿）

〈引用・参考文献〉
・『授業力＆学級経営力』編集部編（2022）『明日の授業が変わる「発問」の技術』明治図書出版，pp.42-45
・有田和正著・佐藤正寿監修（2020）『授業づくりの教科書　社会科授業の教科書5・6年』さくら社，pp.234-237

発問を核とした新たな授業デザイン

岡﨑誠司（1995）『社会科の発問　if-thenでどう変わるか』明治図書出版

1 本書について

■ 著者と「提案する社会科」

　本書の発刊は1995年です。当時，有田和正の発問や教材開発に影響を受けていた私は，書店で発刊間もない本書を手に取ったときに，「一つの発問のパターンで一冊の本になるとは面白いな」と感じたものでした。しかし，本書を読んでいくと本書は一つの発問の実践書ではなく，一つの発問を事例とした著者の骨太の授業研究書ということがわかりました。

　著者である岡﨑誠司は1957年に広島市に生まれ，公立小学校教員ののち長らく広島大学附属小学校の教官を務めます。2005年からは富山大学教授に転身され，2023年に退官されています。岡﨑がif-then発問に関わって提案していたのは1991年のことです。全国社会科教育学会がその場です。以来，所属学校の研究紀要や共著等での提案を経て，1995年に本書を発刊しています。

　その共著の一つに小西正雄編著の『「提案する社会科」の授業』（明治図書出版）のシリーズがあります。『「提案する社会科」の授業1』（1994）には「これが未来志向の“新しい授業観”だ」という副題がついており，岡﨑は「「第12回アジア競技大会」への提案　広島紹介プログラム編」（6年）という論稿を執筆されています。「もしも外国人を招待するとしたらどこを紹介してあげますか？」をはじめとするいくつかの「もしも〜なら」という発問をベースに授業を組み立て，実際に提言をまとめて大会組織委員会に届けています。『「提案する社会科」の授業2』（1994）では「宅配便・そのはやさの秘密」（5年）という内容で，「広島県のなかで，（宅急便のベースが）もし一つだけならどこだろう」「これから宅急便がもっともっと発展して，もしももう一つ広島県内にベースをつくるとしたら，それはどこだと思う？」という発問をしています。これらの発問によって子どもたちは宅急便のベー

スの現実の立地条件を考え，さらに未来のプランニングまでしています。

　今でこそこのような「〜について提案しよう」という授業は以前に比べて増えましたが（ただし，単元の終末として短時間で作成された「提案」が多いのですが），当時はたしかに「新しい授業観」に基づいた授業でした。

■if-then発問に関わる岡﨑の問題意識

　岡﨑は一般的によく使われる発問を「事実を問う発問（例「なぜ」「どのように」）」「価値を問う発問（例「どうするべきか」など）」「意思を問う発問（例「どうしたらよいのか」など）」の３つに分類しています。ただし，価値や意思を問う発問は今までは避けられてきたと述べています。実際に現在も「なぜ」「どのように」と問うことが多いと思われます。このような一般的な発問に対して，if-then発問を仮定的発問と位置づけています。それらの発問について，次のように述べています。

> 　「どのように」発問に対して子どもたちは予想することができず，結局は調べ活動の後，無数の断片的知識を覚えなければならない。一方，「なぜ」発問は子どもの知的好奇心を喚起する。しかしこの発問はその質の高さゆえに子どもにとってはむずかしい。しかも知的好奇心さえ湧かない子どもにとっては苦痛でさえある。そこでなんとか子ども自身が考えを持ち討論し合うことはできないかと考えた。「もし〜ならば〜であるはずだ。だから〜を調べよう」という考え方 "if…then" 思考を働かせたいと願ったのである。
> (pp.19-20)

　このような岡﨑の問題意識は，社会科授業における子どもたちの様子に寄り添ったものと言えるでしょう。予想ができないのに問いを投げかけられ，難しい発問に対して一部の子しか反応できない授業が続いたら，子どもたちが社会科嫌いになるのは当然のことです。このif-then発問は，そのような現状に対する問題提起だったと言えます。

2 本書の価値

■if-then発問を取り入れることの意図を提示している

本書は以下の3部構成になっています。

Ⅰ “if-then”発問の誕生…29ページ

Ⅱ “if-then”発問を取り入れた授業実践…101ページ

Ⅲ “if-then”発問の意義…7ページ

ページ数で見るとⅡの授業実践のページが多くを占めることがわかります。全体の7割以上です。ただし，掲載されている事例は3年生から6年生まで1単元ずつです。つまり，1単元の実践が様々な角度から見られる構成になっています。単元の構想および単元の授業記録，付随する資料が適宜示されており，「こういう授業デザインだからこそ，“if-then”発問が有効なのだ」ということが伺い知ることができます。

例えば，3年生の「わたしたちの買い物」の実践（pp.36-75）では，以下のようなif-then発問を第1時から第4時まで，つまり単元の導入に集中させています。

・もしも魚を買うとしたら，どんな所で買うだろうか。（第1時）

・もしも魚を買うとしたら，どこで買うだろうか。（第2時）

・もしも服を買うとしたら，どこで買う？（第3時）

（他に消しゴム，洗剤，テレビも同じように発問している）

・もしも買い物するとしたら，いつだろうか。（第4時）

これらは子どもたちに仮説づくりを促す発問です。しかも，単に発問に対しての答えの仮説だけではなく，実際の消費活動まで踏み込んだ仮説です。このような仮説は，たしかにif-then発問でなければ生まれません。そして第5時以降（全13時間）は，買い物調べをしてこの仮説の検証を行い，さらに新しい課題を追究する内容になっています。

このように単元の導入部分にif-then発問を組み入れたのには，この単元で広く行われている流れへの問題意識がありました。例えば，「買い物調べの経験の発表」→「買い物調べ」→「スーパーマーケットや商店街の見学計画

の話し合い」→「見学」→「まとめ」という構成です。岡﨑はこの単元構成では調べ活動が目的化し，思考する場がないと指摘しています。if-then発問の組み入れはその解決方法の一つであると提案しているのです。

このような実践事例を読むと，if-then発問の導入が，単に効果的な発問を授業に取り入れるというレベルではなく，現状の社会科実践の問題点を改善する単元レベルの授業デザインを意図していることがわかります。これは他の学年での実践でも同様です。

■子どもたちの変容をデータで示す

一般的に発問の効果は子どもたちの変容によって教師は感じとることができます。例えば，「発言が活発になった」，「子どもたちが考えをノートに積極的に書くようになった」というようにです。しかしながら，それらが正確なデータとして示されることは社会科の実践においては少ないと思われます。

本書に示されている5年生「工業のさかんな地域」の実践（pp.88-112）では，第1時に「もしきみたちが，自動車工場の社長になったら…工場をどんな所に立てるだろうか？ そしてそれは，もし地図でいえばどこだろうか？」というif-then発問をしています。授業始めのノートと，この発問による話し合いを行った後の授業終わりのノートの記述内容を12の観点（例「働く人が多い」「広い敷地がある」）から，比較・分析しています。いわば数的なデータでif-then発問の効果を測っているのです。また，岡﨑は各学年の内容の終わりに多くの参考文献を明記しています（4年生を除く）。

このような姿勢は，実践研究の場合には特に重要です。実践研究報告と言いながら，実践事例と一部の優秀な子どもの感想や様子を基に，この実践は効果があったというように安易に結論づける事例も見受けられます。また，参考文献が限られたものになっている研究紀要や社会科の教育書もあります。実践事例を研究的なものに高める例としても，本書の価値は高いと思われます。

■if-then発問の価値

岡﨑はif-then発問の効果を以下のように示しています（p.138）。

（1）"if-then" 発問は子どもの持っている情報（経験・知識・考え）を引き出す。
（2）"if-then" 発問は仮説設定において有効な働きをする。
（3）"if-then" 発問は子ども自身の価値判断を迫り意思決定を促す。
○ "if-then" 発問の繰り返しは，"if-then" 思考を促す。
○ "if-then" 発問は子ども一人一人に問題を生み出す。

　このうち（1）から（3）は岡﨑自身が研究仮説として設定したものでしたが，○の部分は実践の事実から得た結論です。そして，子どもたちが得た"if-then" 思考は，社会科のみならず他教科にも応用されている事実を述べています。即ち，社会科を中心として伸ばした子どもたちの力が他教科にも影響を及ぼしているということであり，教科の中での社会科の存在意義を示していると言えます。

3 本書から得た学び

■ "if-then" 発問を単元の中心的な発問にする

　岡﨑は発問について，次のように述べています。

> 　本来発問の機能とは正解を子どもから出させることではなく，子どもの持っている情報を引き出すことであり，新たな疑問を子どもに持たせることであろう。"if-then" 発問はその機能を果たすものであると信じる。
>
> *(p.34)*

　この考え方は私の発問観に大きな影響を与えました。そして自分が実践をする際にも "if-then" 発問の考えに基づいた発問を以下のように提示してきました。
・もし，「おすすめのお店」を開くとしたら，どのような工夫をすればよいのか。（3年）
・もし学区で洪水が起こるとしたらどこか。（4年）
・このまま食料自給率が下がり続けたらどうなるのか。（5年）

・あなたなら，裁判員に不安な人をどのようにして説得するのか。（6年生）

　それぞれ授業の中心となる発問です。すべてを自分の手で実践したわけではありませんが，子どもたちが既有の知識や新たに得た情報を活用できる発問と考えています。

■ライフテーマとして追究する

　岡﨑は富山大学に赴任された後も，附属小学校と連携をして精力的に実践事例を提案しています。富山大学附属小学校の実践例の中に「もしあなたが自動車会社の社長なら，どこに自動車の組立工場を建てますか」というものがあります。2012年〜2014年にかけて実際に授業にかけて成案をした単元学習過程のうちの一つの発問です。

　この姿に私は一つテーマを追究する教師のすばらしさを感じます。立場は変わっても自分のかつての実践をよりよいものに改善しようとする姿は，これからの教師にとってのモデルと言えます。　　　　　　　　　　　　（佐藤正寿）

〈引用・参考文献〉

小西正雄（1996）「書評　岡﨑誠司著『社会科の発問if-thenでどう変わるか』」全国社会科教育学会『社会科研究』第44巻，p.92

小西正雄編（1994）『「提案する社会科」の授業1—これが未来志向の"新しい授業観"だ』明治図書出版，pp.102-115

小西正雄編（1994）『「提案する社会科」の授業2—これが出力型の"舞台装置"だ』明治図書出版，pp.97-109

佐藤正寿（2010）『これだけははずせない！小学校社会科単元別「キー発問」アイディア』明治図書出版，pp.19-22，pp.67-70，pp.75-78，pp.135-138

岡﨑誠司編（2018）『社会科授業4タイプから仮説吟味学習へ—「主体的・対話的で深い学び」の実現』風間書房，pp.135-139

指導内容の整理
―内容過多からの精選―

山口康助 [編] (1963) 『社会科指導内容の構造化―目標・内容・方法の
統合的把握とその実践―』新光閣書店

1 本書について

　私と著者との出会いは古書への興味が出てきた時期と重なります。新しく
出版される書籍ばかりを追い求めていた時期には気づかなかった，自分なり
に認識した古書を読むよさ（現在の課題と同様なものがたくさんある，何が
あろうとも子どもを大切にする教育観，重厚な授業記録・分析，不易な部分
での多様なアイデア…等）が蓄積され始めたときに，勤務する市の教育セン
ターの図書室で出会いました。明らかに年季の入ったものだとわかる書籍群
の中で「山口康助」著作の書籍が10冊弱並んでいます。「有名な方なのだろ
う」というくらいで一冊選んだのが『社会科授業の分析と改善　教え方の基
本的ルールを求めて』（1962，新光閣書店）であり，本書へつながるきっか
けとなりました。その『社会科授業の分析と改善』ですが，最後に〈付録〉
として「社会科学習内容の構造化」の題名で山口康助へのインタビュー記事
が掲載されており，この書籍の「構造化」を理解する助けとなる興味深い内
容になっています。

　山口康助は，大正10年に福島県で生まれ，昭和22年東京大学を卒業，東京
大学附属図書館司書，山梨大学講師を経て昭和28年に文部省初等中等教科調
査官となり活躍しました。その後は東京学芸大学教授，帝京大学教授，聖徳
大学教授などを歴任しました。『歴史教育の構造』（1966，東洋館出版社）や
『社会科能力研究入門』（1973，明治図書出版）といった単著がありますが，
共編著・監修の著作が大変多く著名であり，本書も共編著の一作です。
　本書が生まれた背景を探ると，社会科教育の「構造化」の歴史を学ぶこと
ができます。

昭和33年告示の学習指導要領は，これまで重視されていた児童中心主義，経験主義の学習の這い回りやその結果としての学力低下問題を克服すべく，指導内容の系統化と系統的な指導に舵が切られました。しかし，多くの学校で学習内容の過多と知識の詰め込みという課題を生み出しました。このような時代背景の中で本書が出版されました。本書について北（2011）は，以下のように述べています。

> 昭和45年ごろまで，社会科実践のバイブルとして活用される。山口氏の『構造化論』はブームとなって，各学校において，とりわけ社会科授業に大きな影響を及ぼすようになった
> (p.41)

さらに山田（2022）も，

> 「社会科教育史上の草分け的な提案」と述べているほど重要な書籍と言えるでしょう。
> (p.134)

と述べている通り，後世に大きな影響を与えたことがわかります。

2 本書の価値

■山口の課題意識
社会科授業に日々難しさを感じている教師は筆者も含めてたくさんおられるでしょう。時代はちがえど本書にも，

> 初心者は初心者なりの困難点を，中堅教師は中堅教師なりに，またいわゆるヴェテラン教師はヴェテランなりに社会科指導の困難性を訴えてとどまることがないであろう。
> (p.25)

と述べられています。実際の授業や研究会，講習会，先輩の助言や指導を通して解決されますが，「対症療法的である」（p.25）と述べられています。そしてその問題点として以下のように述べています。

第2章 「古書」から得る22の学びの種

105

社会科の問題点を「目標把握に関するもの」「内容構成に関するもの」「指導法や資料操作に関するもの」というように整理できるはずであり，（中略）社会科の授業を単なる名人芸や個人プレーにまかせるのではなく，こうすればだいたいうまくいくとか，この際この方法を用いれば学習者のつまずきはたいてい克服できる，というような基本的ルールは確かに存在するはずであり，それを見つける方向に研究を進めることというは，今日，教育の近代化をいう場合の基礎的な前提ではないだろうか。　　　　(p.26)

　目標・内容・方法の統一的な把握という構造化につながる課題意識を述べています。
　ここからは山口の現場の教師を支援したいというねらいが見えます。内容過多になっている現状を打破し，教師がスムーズに授業を実践することが，子どものためにもなるという現場に寄り添った提案という点で価値があると考えます。だからこそ，構造化というブームを起こすことになったのではないでしょうか。

■ 構造化する

授業をつくる段階において，山口は以下のように述べています。

　すばらしい授業，みごとな展開，うならされる単元計画というのは，授業者または立案者がそれを意識すると否とにかかわらず，目標・内容・方法の間に破綻がなく，しっくりとそれぞれが，全体と部分との関係において位置づいているからであって，けっして才気ばしった技術や慣れによる強引な指導から生まれるものではない。　　　　(p.28)

　目標の吟味なくして内容は考えられず，内容の確定なくして方法論は宙に迷うという三者の関係を，全体的・統一的に把握すること　　　　(p.29)

　「目標と内容と方法の統一的把握が教師にとって最大の要件である」からこそ，「構造化」する必要があるということになります。そのために「構造的な把握（構造化）とその具体的表現としての構造図が生まれて」きます。

■ 構造図

　山口は，

　　社会事象や授業や児童に対するイメージを，単に持続するだけでなく，
これを横にひろげる―つまり教師たちの共有財産とし，あるいはそれを媒
介にして討議と研究をよりいっそう高めるために，視覚に訴える姿に一時
定着させたのが構造図であり，それだけに図化の必要性が高い理由である。
(pp.33-34)

と述べ，以下の３種類あると紹介しています。

> ① 学年段階の構造図（学年図）　　② 単元の構造図（単元図）
> ③ 単元のある段階，ある部分の構造図（時間図）

① 学年図

　①の学年段階の構造図
（図１）は，各単元の関
連と役割を構造的に意味
づけて，学年での学びを
俯瞰して見ることができ
ます。現在でも学年全体
の学習内容を指導計画と
して，教科書会社が発行
しているものなどで確認
することはあるでしょう
が，単元相互の関連を考
えることは，大変大切な

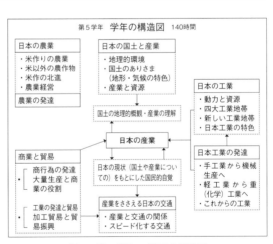

図１　第５学年　学年の構造図
『社会科指導内容の構造化』p.129の図

ことにも関わらず，意外とやっていないのではないでしょうか。

② 単元図

　一般的には単元計画表ということになりますが，単元内の毎時間の学習内容を
重要度や関連を考慮しながら配列した図です。おそらく活用度が一番高くなるで

しょう。図２の例は43時間と単元としても多くの時間になっていますが，現在の学習指導要領で考えれば，単元によりますが，10時間以内の単元が多くなるでしょう。

　③　時間図

　現実的には，１時間を構造化することも可能でしょうが，板書と同様になる可能性があり，単元のある段階，ある部分を３時間ないし５時間程度を一つの図に構造化して示しています（**図３**）。しかし，単元図がある中では「あえて作成する」意味づけが必要となるでしょう。現在ではこれが単元図になるくらいのイメージではないでしょうか。ただし，構造図の見方について山口は，

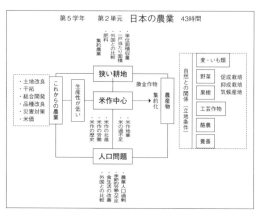

図２　第５学年　日本の農業
『社会科指導内容の構造化』p.134の図

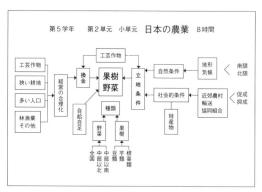

図３　第５学年　農産物
『社会科指導内容の構造化』p.136の図

　　各構造図はそれを図化した作成者のイメージの反映であって，およそ構造図はこのようにしか描けないとか，こう描くのが最も正しいのだというような固定的な考えは毛頭もっていない　　　　　　　　　　　　*(p.37)*

と述べています。むしろ自分の作成した構造図と他人の構造図を比較し，そのちがいから学ぶことが重要になるでしょう。つまり「社会科のイメージの鮮明化をたすけ，授業の活性化，適正化に役立つ」(p.38)ことに活用するということです。想像以上に自由度が高いことがうかがえます。

■構造図の描き方

構造図を描く際に，共通に使う概念，用語としては以下の通りになっています。

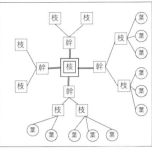

図4　構造化モデル図①
『社会科指導内容の構造化』p.39の図

核…一つの構造図の中心をしめるもの。目標的なもの，理念的なもの，具体物を指したものなどがある。学問的な検討と教育的，学習心理的検討を経て，その批判に堪えるものであることが第一の要件。さらに，他の内容，資料など全体に関連をもち，かつ全体を統括するに足る資格を持つ

幹（準核）…指導内容に基本的なもの。幹は目標に根ざし，しかも後続する枝葉の重みに堪えうるものでなければならない

枝…幹ほどではないが，学習展開上どうしてもふれる必要の多い内容で，それは場合によって大枝・小枝などに分けてもよい

葉…指導内容（幹・枝）の肉づけとして必要な内容または資料。時間的な制約などで切り捨てられることをあらかじめ覚悟しておかねばならないもの

また，構造図について以下のような説明があります。

　紙の平面の上に描くから平板に見え，単なる配置図か構成図に見えるが，これは，核をつかまえてぐっと上にもちあげると，投網のように立体的に構造化される，そのように見てほしいのである。
（p.40）

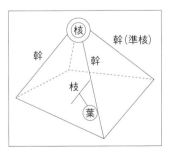

図5　構造化モデル図②
『社会科指導内容の構造化』p.39の図

立体的にとらえるというのはよりイメージをもちやすいでしょう（図5）。核の重要性が際立つからこそ，核を何に設定するのか考えることが教材研究であり，キーポイントに

なるでしょう。

　構造図はカラーにすることでよりとらえやすくなると考えられます。教師が指導内容をよりイメージしやすくなることに力をいれている山口のねらいがはっきりと読み取ることができ，あくまでも教師サイドに立った提案であり，そこが現場教師に受け入れられたのだと考えられます。

3 本書から得た学び

■ 自分で作成する

　社会科の指導を苦手と考えている先生方からよく「社会科は何を教えるのかがわからない」と言われることがあります。学習指導要領を丁寧に読み解くことで「何を教えるのか」は見えてきますが，この構造図は山口が意図していた通り，パッと見るだけでイメージがつかみやすい利点があります。「何を教えればよいのか」が可視化されているため，迷うことがなくなります。またそれを俯瞰して見ることは，1時間の授業同士の関係がわかり，単元としての授業デザインをつくっていることになります。ただし，構造図を自分で作成することが重要だと考えます。作成過程そのものが教材研究となるでしょう。学習指導要領をメインとし，教科書も活用しながら，掲載されている構造図を参考に作成していくことになるでしょう。しかし，最初はそもそもどういう言葉をいれるのか，どう線を結ぶのかなどしっくりこないと思いますので，やはり何度もチャレンジすることが必要です。私も最初はしっくりいきませんでした。しかし，山口が述べるように「正解」はないのですから試行錯誤は必要でしょう。

　図6は私が作成した構造図です。小学校4年生の「自然災害」の単元です。核を「自然災害」，準核を「対処」と「備え」の2点と設定していますが，この単元はこの準核の設定がポイントと考えています。単元をデザインする中でこの2点のちがいを明確にすると，子どもも理解しやすいのではないでしょうか。

　また，自然災害に対して，対処や備えをする立場の関係機関や地域を縦に配置していますが，これは優劣関係を示しているわけではありません。ですから，横に配置することでより協力する意味合いを出せる可能性もあります。

山口が述べているように，できれば複数で作成し，そのちがいを見出して思考することでよりよい構造図につながるでしょう。しかし，この構造図は基本的に学習指導要領を基に作成していますので，教科書や地域の教材に合わせてもっと詳細に記述できると考えます。

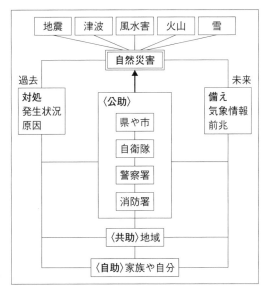

図6　第４学年「自然災害」　構造図
筆者作成

　構造図を作成することで，いわゆる「枝」の部分が把握でき，枝の何を削ってもよいのか，という単元のスマート化を図ることの重要性に気づかされます。

■ 構造化の批判

　構造化に対する批判もあります。例えば，学習指導要領のイメージ化にすぎず，本質的な社会科内容の構造ではないことや，学習内容を固定化し，子どもの意識や思考の筋道を無視して，一方的に教え込む方向に走る危険性があることなどです。ブームが起こるからこそ出てくる，当然受け止めるべき批判だと考えます。　　　　　　　　　　　　　　　　　　　（石元周作）

〈参考文献〉

山口康助（1962）『社会科授業の分析と改善　教え方の基本的ルールを求めて』新光閣書店

北俊夫（2011）『社会科学力をつくる―"知識の構造図" "何が本質か" が見えてくる教材研究のヒント―』明治図書

山田秀和「内容の構造化」（2022）棚橋健治・木村博一編著『社会科重要用語事典』明治図書出版p.134

宮地忠雄（1965）「社会科学習の構造化」『社会科教育研究』第1965巻，第20号pp.2-9

楽しい教材発掘・教材研究

有田和正（1982）『社会科教育全書18　子どもの生きる社会科授業の創造』
明治図書出版

1　本書について

■ 有田和正氏とは

まず，有田和正の簡単な経歴を紹介したいと思います。

1935年　福岡県で生まれ，玉川大学文学部教育学科を卒業。

1958年　福岡県の公立小学校で勤務を始める。

1963年　炭鉱の真ん中にある福岡県の公立小学校へ転勤。

1967年　福岡教育大学附属小倉小学校へ転勤。

1976年　筑波大学附属小学校へ転勤。

1992年　愛知教育大学で教授になる。

1999年　教材・授業開発研究所を立ち上げる。

2006年から亡くなるまで東北福祉大学子ども科学部教授・特任教授。

2014年5月2日に亡くなられた。

　経歴だけを見ても様々な経験をされ，熱意溢れて働かれているのがわかります。上記の仕事に付け加えて有田は全国各地を飛び回り模擬授業や講演をしたり，書籍を通算180冊以上も書かれました。そして，書籍以外の面でも，大変筆まめであったことでも知られています。例えば，講演されたその日に開催者などにはがきを書いて投函されていたそうです。

　また，この書籍は1982年に出版されているので，筑波大学附属小学校で働かれていた時代の書籍だということがわかります。

　有田は次のような逸話や様々な名言を数多く残しており，そこから人柄がよくわかります。名言をいくつか紹介します。

有田和正氏の名言
追究の鬼を育てる
スイカはおいしいところから食べる。授業もまた同じ
知識は眼鏡である。知識がなければ物は見えない
一時間で一回も笑いのない授業をした教師は逮捕する
授業は布石の連続である
鉛筆の先から煙が出るスピードで書きなさい

　これらの名言を読むとどのような授業観や教材観をもっていたのかが何となくわかります。まさに，この本のタイトルである「子どもの生きる授業」を教師が「創造」していくことを大切にされていたのだと思います。

■書籍との出会い

　有田といえば，社会科教育を学んでいるもので知らない人はいないのではないでしょうか。もっと言えば，教育に携わる者として，知っておくべき偉人の一人であると考えられます。

　いわゆる，子どもたちの興味・関心を引き起こす「ネタ」によって，子どもたちを「追究の鬼」にしていくのです。そして，いつも忘れないのは「ユーモア」であり，子どもたちを笑顔にすることを大切にしていました。そのような有田の姿に憧れ，社会科教育の道を志した方も多いのではないでしょうか。

　私もその一人であります。と言いたいところでありますが，私は有田のことを知ったのは，有田が亡くなったときです。そのニュースをきっかけに，教育の世界にも亡くなったことが知らされるような有名な方がいると知り，そこから，有田がどのような方か調べようと思いました。

　その後，有田の書いた書籍を40冊以上買い，読みました。時には，有田の授業の様子がまとめられているビデオを買って，授業の様子を見たこともあります。

　それでは，次の項からこの本について紹介していきたいと思います。

2 本書の価値

■子どもの生きる社会科授業の創造について

この書籍の内容を簡単に紹介したいと思います。

第一部には「社会科実践のどこに問題があるか　社会科実践の病理をさぐる」が書かれています。例えば，タテマエ主義への批判や低・中・高学年の学習内容や学習方法について，教科書の使い方や教師の学び方等，様々な問題点が挙げられており，読んでいるうちに自分の今までの実践はどうだったのか，教師の在り方としてどうだったのか反省しながら読むことになると思います。

その中で最も心に残った問題点は「教師の学ぶ技術に問題はないか」というところです。教材研究を進めていく中で次のような3段階があると記しています。

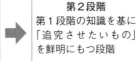

第1段階
教養として，興味をもって現地に見に行ったり，本を調べたりする段階

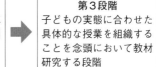

第2段階
第1段階の知識を基に「追究させたいもの」を鮮明にもつ段階

第3段階
子どもの実態に合わせた具体的な授業を組織することを念頭において教材研究する段階

教材研究はライフワークのうちの一つとなっており，私自身，ある程度の自信があったのですが，このように整理して考えておらず，この段階を混在していました。子ども主体の授業を展開していくために心掛けていきたいものです。

第二部には「子どもの生きる教材研究」として教材研究の勘所や具体的な教材研究の方法を示すために各学年の実態とそれに伴う実践を挙げています。特に6年生の歴史学習の力の入れようは目を見張るものがあります。他にも有名なポストづくりの実践についても詳細が書かれています。

よい教材について書かれているものを図示してまとめました。

> よい教材　⇒　この教材にめぐり会ったために，生き方を飛躍的に発展することができた教材
>
> 要件
> ① 子どもの追究意欲を誘うもの
> ・体当たりできる教材—子どもが切実な問題がもてる教材（個性的思考と衝突する事実）
> ・子どもが自分なりにめあて・見通しがたち，追究計画がたてられ取り組めるもの
> ② 子どもの追究が多面的な関連・発展する教材
> ③ 子どもの生き方にかかわり，その子なりの考えがつくり出せ，人間形成に役立つもの
> 別の言葉でいえば，
> ① 固定観念をひっくり返すもの—子どもの常識的な見方をゆさぶりひっくり返すもの
> ② 子どもの意表をつくもの
> ③ 事実を見直さざるを得なくなるもの
> ④ 子どもの目を開くもの

［よい教材の要件］pp.24-32を基に筆者作成

　つまり，子どもが調べたいと思い，追究する中で様々な見方や考え方を更新し生き方に役立つような教材だと言えるでしょう。そして，このよい教材への考え方は，今の時代でも変わらないのではないでしょうか。

　学習指導要領が改訂され，主体的・対話的で深い学びの視点で授業改善が進められています。子どもが主体的に追究したいと思うような教材で勝負し，学習方法を子どもたちがより選択できるようになり，子どもたちがどんどん問いを更新していき「追究の鬼」になるような授業を展開しやすくなっていると言えるでしょう。

■有田の教材研究について

（1）ネタを見つける

　有田はネタを発掘するために７つの定点から観測する「定点観測法」を
行っています。

① ポストを見る

② 市全体を見る

③ 気になったところを歩く

④ 店や市場を見る

⑤ 大衆料理と高級料理を食べる

⑥ その土地の観光地へいく

⑦ 特産物をたずねる

何となく旅行する，出歩くことも悪くはないですが，このように決まった
視点で新たな地を見ていくことで比較できるようになります。有田はこのよ
うなネタを同時にいくつもストックしていたようです。

　私はどちらかというと，ねらって教材研究をするタイプなのですが，いつ
でも教材研究しようとする姿勢や熱意は参考にしたいところです。

（2）ネタを授業に生かす

　有田はネタが先行しているようなイメージもありますが，子どもの実態か
ら教材発掘・教材研究することも大切にしていました。

　この書籍の中にもある「野辺山のレタスづくり」の実践からもよくわかり
ます。

① 子どもの現状を調査する

　　当時の勤務校では，４年生が八ケ岳に３泊４日の合宿に行っていまし
　た。子どもたちは「はやづくり」「おそづくり」について知らなかった
　り，給食に出てきたレタスの原産地に興味がなかったりするような現状
　がありました。

②現状を基にした教材研究

　　有田は野辺山について調べた後，野辺山高原の現地へ行きました。そ
　こで，野辺山の野菜づくりの先駆者である方から１週間ごとに15回に分
　けて種まきすることを聞きます。その理由は次の通りでした。

「畑が広く（10ha），労働力不足の折からその配分がよい」

「一度に出荷すると値段が安くなる」

「天候不順な土地だから，天気の被害を最小限にくいとめるため」

「1週間ごとに現金が入るから」

「収入の安定をはかるため。安い時期もあるが高いときもあって，全体としては安定した収入が得られるから」

　これらのことを資料化し授業を考えていきました。たしかに追究したくなるような魅力的な教材です。

（3）授業の実際

　15回に分けて種まきをしていること，東京都と野辺山の霜が降りる時期のわかる資料を提示します。そこから，子どもたちは「4月28日から1週間ごとに15回もずらして種まきをするのはなぜか」という問いをもちます。この問いに対して予想するのですが，子どもたちから出た予想は「収入」「人手」「消費者意識」「土づくりのため」「天候（霜も含めた）」に集約できるものでした。有田の予想の範疇を超えるものは出てこなかったようですが，事実に迫っている記述も多くあり，農業を身近に感じにくい東京の子どもであっても，深い考察ができている印象を受けました。

　その後，合宿の際に先駆者の方の家へ子どもたちと訪れます。そこで，15回にも分けて種をまく理由や，レタスづくりの背景について話を聞いたようです。

（4）授業後の子どもたち

　子どもたちが合宿から帰った翌日，給食にレタスが出たそうです。そのときに，何人かが給食室へ行き，レタスの入っていた段ボールの箱をもらってきました（野辺山のものではなかったそうです）。また，この学習をきっかけに農業に興味をもち，農業に関するテレビ番組を毎週熱心に視聴し，ノートにまとめてくる子も出てきました。

3 本書から得た学び

【よい教材を教材研究する】

　今回，私が考えた教材は「食糧危機を救う！昆虫食」です。昆虫食という
と悪い印象をもつかもしれませんが，日本は昔から昆虫食の先進国であり，
現在でも多くの地域でイナゴなどは食卓に上がっています。つまり，他の国
よりも昆虫食に親しんできたといえるでしょう。

　また，海外でも日本でも人口の爆発的増加による食糧難の解決手段として
真面目に取り組もうとする動きが始まっています。自然や環境に関心の強い
様々な企業が動き出しており，商品も少しずつ出てきています。

　まず，よい教材かどうかについて考えていきます。食べるかどうかは置い
ておき，きっと子どもたちは「おっ！」「えっ！」という反応をするでしょ
う。そして，それが原動力となり調べて見たくなるはずです。そして，調べ
るにつれて今でも食べている地域があることや注目されていることを知って
いきます。つまり，多面的な関連や発展をしていくことが考えられます。そ
して，昆虫食が「栄養価」や「環境によいもの」と知ることで，今までもっ
ていた昆虫食に対する野蛮で不衛生なイメージが変わってくるかもしれませ
ん。

　私自身も興味をもって上記の3段階の教材研究を進めています。現在は授
業をする立場にないこともあるので，具体的な子どもの姿はイメージしにく
いですが，少しずつ迫っています。

　私自身，勇気をもって購入して実際に食べてみました。せんべいのほうは
エビっぽくておいしくいただけました。チョコレートはちょっと苦手な味で
したが，虫を食べているという感覚はありませんでした。今では，コンビニ
でも売っているようなのでぜひ，チャレンジしてみてください。

　また，扱う単元としては，5年生の「これからの食料生産」の単元でしょ
う。そこで，これからの食料生産の一助となるものとして考えていくにはよ
い教材だと思います。そこで，SDGsと関連付けながら「環境」「栄養素」「人
口増加による食糧難」などの観点から昆虫食を追究していくことができるの
ではないでしょうか。

　最後になりましたが，有田はこの書籍の最後の項にこう綴っています。

　楽しい授業は教師が未知へ挑戦することから始まると思う。授業で楽しむということはそこに何か未知の要素が存在するからだと思う。予想していないことがおこる可能性があるからおもしろいのだと思う。きまりきった計画どおりのコースにはたのしみは少ないものである。スリルがなくてはならない。　　　　　　　　　　　　　　　　　　　　　　　　　　　*(p.248)*

　まずは，教師がおもしろがり，楽しむことから始めていきたい。そして子どもが生きる社会科を創造していきたいと強く願います。　　（近江祐一）

〈参考文献〉

有田和正（1989）『名人への道　社会科教師』日本書籍

有田和正（2014）『人を育てる：有田和正追悼文集』小学館

文部科学省（2018）『小学校学習指導要領（平成29年告示）解説　社会編』日本文教出版

社会科を科学的に追究する
―説明する社会科授業―

森分孝治（1984）『現代社会科授業理論』明治図書出版

1 本書について

■本書と出会うまでの長い道のり

　森分孝治は，1939年生まれ，広島大学大学院教育学研究科を修了した後，同じく広島大学にて長く教授として活躍されました。1992年から全国社会科教育学会の会長を務めるなど，広島という社会科研究を牽引する地でその研究を牽引されてきた方です。

　私が本書と出会う前に実は森分孝治の他の書籍には出会っていました。それは本書の姉妹編とも言える1978年に発刊された『社会科授業構成の理論と方法』（明治図書出版）です。社会科にあまり興味がわかず，日常の社会科授業に限界を感じており，とりあえず社会科授業について学ぼうと思って手に取りました。「授業構成」とか「理論」とか何となくアカデミックな薫りに憧れだけを感じてあまり確認せずに購入したため，いざ読んだところでほとんど理解できず，本棚に長期間眠ることになりました。

　それから数年後，社会科授業を実践しつつ，古書のよさに気づき，乱読するようになってから森分の書籍の素晴らしさ，後世に多大な影響を与えた事実を知ることとなりました。社会科の本を読み込む会で『社会科授業構成の理論と方法』を読んだあと，本書を手に取ることになりました。この出会いまでの長い道のりは感慨深いものがあります。

　本書は社会認識をめざす森分の社会科授業理論が凝縮された一冊です。加藤（1985）は以下のように評しています。

　　本書はさきに『社会科授業構成の理論と方法』によって，社会科の目標から態度形成を取り去り，社会科学教育を行なう教科に徹すべきだと論じて，社会科教育論に知的インパクトを与えた森分氏の第二弾である。

(p.121)

「社会科学教育」と評されている通り，これまでの主観的で恣意的な社会科授業についての自分なりの考え方の枠組み＝「理論」をより科学的に一般化する「理論」として提示することが本書のねらいとされています。

2 本書の価値

■社会科としての教科性への思い

本書を読む価値の1点目は，森分の「社会科」という教科に対する徹底的なこだわりを感じることができるということです。

第1章の「社会科授業理論の現状と問題点」において，森分は社会科の授業理論が，学習指導要領に示された社会科の「目標」および「内容」を前提として，それを「どのように教えるべきか」いう方法主義的な授業理論が中心になっており，社会科としての「目標」と「内容」に起因する授業上の問題の吟味・検討ができなくなると以下のように述べています。

> 教科教育において「方法」は，本来，目標・内容と不可分のものである。なぜ，そうした教材の選択・組織の仕方でなければならないのか，なぜこうした教授・学習段階かという問いは，社会認識とは何であり，それはどうすれば形成されるのか，社会的事象がわかるとはどういうことかという，より基本的な問題に帰着せざるをえないし，これらの問いの回答は目標論，内容論を含むことにもなっていくからである。 *(p.21)*

そして，森分は，自分の考える社会科の授業についてズバリ，以下のように述べています。

> 社会科授業理論は，授業という事象を全体的にとらえるのではなく，社会科という教科指導の側面に注目し，授業を社会認識形成の過程としてとらえていくべきであろう。 *(p.43)*

現在の学習指導要領が学習方法についても詳しく提言され，教科横断的な学習が日常になってきている中で，ある意味新鮮で説得力のある主張に感じ

られるのではないでしょうか。

■説明する社会科授業

　本書を読む価値の2点目は社会認識過程を徹底的に分析してとらえること
ができるということです。

　森分は社会認識形成過程としての社会科授業を理論的に説明するために
「認識する」ことや「知る」ということがどういうことなのかまでも問うて
いきます。カール・ポパー（1974）の知見をもとに，まず「知る」「認識す
る」ことにおいて私たちは3つの世界を想定していると述べています。

> 第一の世界…知り，認識する対象の世界。物理的対象，物理的状態の世
> 　　　　　　界。
> 第二の世界…対象を知り，認識する主体の頭の中の世界。
> 第三の世界…意識の状態や心的状態，行動性向が記号あるいは言語で表
> 　　　　　　現されたものの世界。　　　　　　　　　　　　　（p.49）

　「知る」ことは当然「第二の世界」の頭の中の世界でも行っていますが，
他人に対して知ることを共有する（間主観的にする）ためには，「第三の世
界」が必要です。授業でいえば，子どもの頭の中の世界を表現したものを
「第三の世界」にもってこないと指導者は指導・評価ができません。

　逆に言えば，子どもは自分の頭の中の「第二の世界」を「第三の世界」に
するためには，他人に「説明する」必要があります。それこそが「理解して
いる」ことになりますので，森分は社会科授業を社会的事象の説明過程とし
てとらえることができると述べています。詳細に分析するからこそ，答えは
シンプルです。だからこそ，説明のための問いは「なぜ」になるわけです。

　また，ちがうとらえとして，子どもの頭の中（第二の世界）にあるその子
だけが所有する個人的な「主観的知識」は説明されることによって間主観化
され，主観的知識は成長することになります。これこそ，認識過程と言える
でしょう。このような分析を知ることは本書を読むことでしか得られない知
見だと考えます。

■授業構成の類型化

　本書を読む価値の３点目は，自分の授業を俯瞰・整理することができることです。授業で提示される知識の質・レベルと提示の方法，習得のさせ方によって森分は以下のように類型化しています。

①　事実詰め込み型

　　記述的知識を目的視し，与えられた時間内でできるだけ多くの知識を習得させ暗記させていこうとする。

②　理論注入型

　　一通りの知識を習得させるとともに，個々の特定の事象を越えた一般的な知識，法則や理論を伝達することをねらいとする。

③　理論探求型

　　一般的説明的知識，法則・理論をいわばその生産過程をふまえて習得させる。

④　価値注入型

　　記述的知識を網羅的に習得させるのではなく，一つの価値観から意図的に選択し組織された知識を習得させることによって，子どもに一定の価値を獲得させ，態度を形成させること。

⑤　価値理解型

　　事象・出来事の理解を通して，価値に習得，態度形成をねらいとするが，取り上げる事象・出来事を，あるいはその側面を教師が限定しないで，子どもに選択させ，それを自由に観察し記述し，理解させることによって価値観，態度を培おうとする。

⑥　理論・価値注入型

　　一つの「正しい」価値観，決断にもとづいて選択し編成し体系化された一般的説明的知識，法則・理論を習得させることによって，「正しい」歴史観，世界観を身につけさせ，子どもの態度・行動を方向づけていくことをねらいとする。

⑦　理論・価値追究型

　　事実をどのようにみるのが正しく，それに対しどういう態度をとるべきかを，個々の子どもに追究させていくことをねらいとする。

①，②，④，⑥はクローズド・エンド型，③，⑤，⑦はオープン・エンド型と分類されていますが，意味合いとしては，授業の終末のことではなく，習得する知識を子どもが批判し吟味するか，子どもの選択肢があるかのちがいです。何となくであっても自分の授業を整理・分析することができ，自分が求めている授業や子どもに必要な授業が見えてくるように思います。

3 本書から得た学び

■知識の変革的成長・累積的成長

「2．本書の価値」で述べたように，本書は様々な知見を獲得でき，学びの多い書籍ですが，その中でも私が大いに納得し，示唆を得たのが，「知識の変革的成長・累積的成長」というとらえです。

知識の成長は，既習知識の修正・発展によります。その出発点が「問い」ということです。つまり，既習知識から予想されることと，実際に見たものに衝突（ズレ）があることにより「問い」が生まれます。「問い」に対して仮説を立て，推測し，追究する。間違っていればそれを捨て，新しい仮説をたて追究し，解決していくことによって新しい知識を獲得する。これが変革的成長です。さらに，その獲得した知識をもとに他に具体を説明できるようになっていく。これが累積的成長です。

実はこれは社会科の問題解決的な授業そのものだと考えることができると思います。思い返せば，社会科授業において，子どもたちが主体的に学ぼうとするエンジンがかかるように，私たち指導者は，社会の中にある様々なズレを見つけることに労力を割いているように思います。子どもたちのもつ既習知識や素朴概念とのズレ（○○なはずだけどちがう）（自分が知っている知識では説明できない）が問いを生み出します。そしてそのときの自然な問いは「なぜ」になると思います。「○○は～なのに，なぜ□□は△△なのか」などの「なぜ」による推論によって変革的成長を促していると考えることができます。

また，「つまり○○ということは，例えば～も同じである」「つまり○○と

いうことは〜ということも考えられる」のような抽象から具体という帰納的なプロセスを示唆しているでしょう。つまり,

> ① 子どもの知識と社会の事実のズレを見出す授業構成
> ② 抽象から具体へ,また具体から抽象へと往還を意識した授業構成

とまとめることができます。社会科教師なら当たり前のように考え,実践していることかもしれませんが,本書によりさらにこれらの重要性を再認識しました。ただ森分は,

> *受容・暗記によってはなされない。それは子ども自身による発見,発明創造によらなければ,主観的知識の変革的・累積的成長をもたらさない。*
>
> *(p.140)*

とも述べています。子どもによる主体的な追究の必要性・重要性もおさえています。「社会科」の教科性が追究された魅力的な書籍ですが,以下のようにも述べられています。

> *もとより,授業は多くの要因が複雑にからみ合ってダイナミックに展開していく過程であり,本書の理論でとらえれられるのはそのいくつかの側面でしかない。*
>
> *(p.2)*

本書は理論的な面が全面に出ている印象ですが,あえてそこを追究した潔さが感じられると個人的には思っています。　　　　　　　　　　（石元周作）

〈引用・参考文献〉

加藤章（1985）「書評　森分孝治著　現代社会科授業理論」,全国社会科教育学会『社会科研究研究』第33巻,pp.121-122
カール・R・ポパー著・森博訳（1974）『客観的知識：進化論的アプローチ』木鐸社
棚橋健治・木村博一編著（2022）『社会科重要用語事典』明治図書出版

生活教材から紡ぎ出される学び

杉浦健支（1988）『生活教材を生かす社会科授業』黎明書房

1 本書について

■ 杉浦健支という社会科教師

　杉浦は，1946年愛知県に生まれ，愛知教育大学を卒業後，岡崎市立矢作東小学校で教職の道を歩み始めます。その後，同市内の六ツ美中学校に勤めた後，1982年より，愛知教育大学附属岡崎小学校に着任しますが，1986年3月，39歳の若さでこの世を去ります。教職18年目を迎えようとする早春のことでした。

　書籍に「推薦のことば」を添えた当時東京大学教授の寺崎昌男は，杉浦の子どもたちとの関係性と，その見取りについて次のように評価しています。

> 　わたくしの感嘆するのは，著者（杉浦）が，子どもたちの生活日記や生活記録を大切に扱っていることである。（中略）商店街の何にひかれ，何を発見したか，また，そうした魅力や発見を，どのような感情生活のひだをもって，クラスの友人たちと分かち合ったか，を見分けうるものになっている。まさに，教師と教材と子どもとの，緊張感にみちた，ダイナミックな関係が表白されている。単時間の記録ではなく単元全体の展開記録であることも貴重さを加えている。
> 　　　　　　　　　　　　　　　　　　　　　　　　　　　　　　　　　　（p.2）

　寺崎のここでの記述からもわかるように，杉浦は，教壇に立ったおよそ17年間の間に，子どもたちの学びの感想やT－C型授業記録を含めて，単元全体を通した多くの実践記録を残し，それらを実践論文の形でまとめています。伊藤（2003）は，これらの実践の特色について，次に挙げる2つの時期に分けてとらえ，そのカテゴライズをしています。

> ① 主体的な学習の実践期
>
> 　社会科における子どもたちの主体的な学びを実現するための単元構想
> と，その具体的実践【主として，公立小・中学校在職期】
>
> ② 生活・地域教材開発期
>
> 　社会科における生活教材・地域教材の開発と，それらを活用した単元
> 構想と，その具体的実践【主として，愛知教育大学附属小学校在職期】

　①の時期における実践について，書籍では岡崎市立六ツ美中学校での「国道一号線問題」（中学校第３学年【公民的分野】）の単元が該当します。この時期に杉浦から，「地域を教材にした主体的な社会科学習の実践」という実践論文が発表されています。生徒の主体的な学習を促すアプローチにおいて，そこに地域教材が入り込む価値について検討されています。これらについて杉浦は，次のように実践の考察と反省を行っています。

> 　地域を学習の素材に取り扱うことは，たしかに生徒の意欲化を図っていると思われるが，こればかりで年間を通すことはむずかしい。(中略) 私がつくづく感じたことは，〝学習が具体的な活動を通して行われるときだけ，生徒の主体性を育成する〟ということである。
>
> (p.237)

　ここからも杉浦が，子どもたちの学びに対する主体性をいかに重要視していたかを読み取ることができます。

　②の時期における実践について，書籍では愛知教育大学附属岡崎小学校での４つの実践「カレーライスづくりのひみつ」（小学校第１学年）・「康生の商店街」（小学校第３学年）・「伊賀川の流路変更工事」（小学校第４学年）・「パイナップルづくりにはげむ垣花さん」（小学校第４学年）が該当します。これらの実践において，杉浦は，生活・地域教材の活用と共に，単元を構想することの重要性について，次のように述べています。

> 　単元を構想するということは，子どもたちの姿を鋭くとらえることによって願いをもち，教材を通して，その願いを具体的に実現していく過程を見通すことである。それは，固定的なものではなく，子どもの動きに即し

| た柔軟な，しかも，限りない教師の営みなのである。 *(pp. 2-3)*

　単元の構想をする大前提には，「子どもたちの姿を鋭くとらえること」が
あり，たとえ構想したとしても，その実現に向けて教師が敷いた学びのレー
ルに沿って追究の道を歩ませるのではなく，「子どもの動きに即した柔軟な
再構想」の重要性を説いています。

　これらから，杉浦が生活・地域教材の活用を重視しながらも，いかに子ど
もたちの実態や学びの姿を大切にしながら，社会科教師としての歩みを進め
ていたかを窺い知ることができます。

2 本書の価値

■子どもの学びに寄り添う社会科教師のあるべき姿

　本書の価値は，杉浦の教師としての姿から，社会科を通して子どもたちと
向き合うために大切にすべきことについて，その実践記録を通して読み取る
ことができる点にあります。

　杉浦は，『生活教材を生かす社会科授業』の中で子どもたちの様々なリフ
レクションから，効果的だと感じたアプローチや反省点を明示し，次なる手
立ての在り方を具体的に述べています。また，タイトルにある「生活教材」
の教材としての面白さに慢心することなく，あくまでも子どもたちの学びの
姿を思い描き，とらえながら単元を構想し，その中で生かすことのできるも
のだけを教材として取り上げています。その取り上げの視点，そして，子ど
もたちの社会科での学びに対して，教師としてどこまで寄り添うことが可能
なのか，その具体を読み取れることが『生活教材を生かす社会科授業』の大
きな価値であると言えます。

3 本書から得た学び

■「教材性」と「教材観」

　『生活教材を生かす社会科授業』は，単元を見通した授業実践から，子ど
もたちの学びの姿とその変容について細部に至るまで，丁寧にまとめられて

います。これらの授業実践記録を基に，ここでは「伊賀川の流路変更工事」
（小学校第4学年）の事例から得られる学びについて紹介します。

　この実践紹介の冒頭部分で杉浦は，「教材性」という言葉を使っています。
学習指導案等で使用されることの多い「教材観」ではなく，「教材性」です。
　「教材性」とは，教材自体がもつ性能や性質に特化して追究を重ね，その
「材」を子どもたちの学びの「財」へと変えていこうとする視点をもって使
われている言葉であるととらえられます。
　「教材観」には，子どもたちの姿を見通すことが含まれますが，杉浦は，
「教材性」という言葉を使い，伊賀川という生活教材や地域教材自体がもつ
「学びを生み出す可能性」について，以下に示す5つの視点にまとめていま
す。

> ① 伊賀川は，わからなさ，ふしぎさをもった川である
> ② 伊賀川は，歴史的事実をもった川である
> ③ 伊賀川には，人の生きざまがある
> ④ 伊賀川は，子どもの生活と結びついた川である
> ⑤ 伊賀川は，個性的な追究を可能にする川である　　　　　(pp.81-84)

　①～⑤の視点を見てもわかるように，ここでの主語はすべて伊賀川です。
杉浦は，まず教材の可能性を教材ベースで考えています。このように教材を
とらえた後，次のように切り返しています。

> 　子どもたちが，川をみつめるとき，どんな経験や視点で見つめてくるの
> であろうか。このことを明らかにしておくことが，教師の構想に子どもを
> 具体的に位置付け，追究をより確かなものにしていく。　　　　　(p.84)

　つまり，教師のとらえる教材をまずはデザインした後，それを子どもたち
のものにするための手立てを，教材研究の第2段階として構想しているので
す。

■ 「自由進度学習」（ひとり調べ）における支援とその先に見据えるもの

　では，具体的に「川」に対する子どもたちの思いやとらえをどのように把握しているのでしょうか。

　杉浦は，子どもたちの作文・日記・学習記録・朝の会や帰りの会での発言などから，子どもの心の中にある経験を通して得た「川」を表出させる必要性について言及しています。ここから，その比較の対象として教材の伊賀川を示しています。

　つまり，子どもたちが思い描いている身近な川と伊賀川とのちがいをはっきりさせることによって，伊賀川の社会科としての教材性に目を向けさせることができているのです。

　杉浦は，ここから子どもたち各々が気づいたちがい（学びの追究点）を学習問題として共通化したり，一元的な課題を設定した授業アプローチに展開させたりはしません。元々，子どもたち各々が思い描いている川のイメージが異なるので，伊賀川との比較によって生まれる追究点にはちがいがあって当然であるととらえています。その追究点を子どもたちそれぞれが，「ひとり調べ」を行うという学習活動に単元内の多くの時数を割いています。これは，まさに「個別最適な学び」の一つの学習形態とされる「自由進度学習」の視点のアプローチであると言えます。

　ここで杉浦は，「ひとり調べ」の学習に入ったとしても決して子どもたちを放任することはないと明示しています。それと共に，追究点を見出すことが困難な子どもや，「ひとり調べ」をなかなか深めていくことが難しい子どもに対する10の支援策を挙げています。杉浦の示すその支援策は，以下の通りです。

① 見学時の写真を数多く教室に用意しておく。

② 地図を用意しておく。

③ 自主的な見学を賞賛し，支援する。

④ 絵や図に書かせる。

⑤ 学習ノートをたどらせる。

⑥ 今までの発言や記録を見せてやり，子どもと対話するなかで，こだわりをはっきりさせていく。

⑦ 見学後の座席表づくりを子どもと対話するなかで行い，一部の子どもにそれを配布する。

⑧ グループ化を図る。

⑨ ひとり調べの進んでいる子どものノートを見せてもらい，そのよさを学ばせる。

⑩ 朱記をたどらせる。　　　　　　　　　　　　　　　　　　　(p.101)

※ここでの座席表とは，伊賀川に対する子どもたちの「ひとり調べ」の視点を大別し，「水の利用」「川の施設」「川の流れ」といった形で，子どもの名前とともに取りまとめたものです。

※朱記とは，子どもたちのこれまでの「ひとり調べ」の記録に対して，教師が赤ペンで書き込んだ部分を指します。

　杉浦は，これらの支援を行いながら，子どもの生活教材・地域教材のとらえの変容も対話や日記などの記述から把握しています。これらの調べ学習の後に，対話的な学習活動のもと，「ひとり調べ」についての共有化を図っています。ここの段階での共有化によって，子どもたちは，自分のもたない事実に気づきます。つまり，子どもたち各々の「ひとり調べ」が軸となり，社会的事象（ここでは「流路変更工事」）に対する大きな問いが単元中盤部分において生み出され，学びの今後へと紡がれているのです。

　これらの生活教材を生かした学びを通して，杉浦は，伊賀川に込められた地域の人々の願いや知恵・工夫に共感的に気づかせ，地域社会に愛情を注ぐことのできる心情を育むことも目指していました。ここに辿り着くことこそ，生活教材や地域教材がもつ大きな価値の一つであり，その具体についてこれら実践から学ぶことができるのです。　　　　　　　　　（中村祐哉）

〈引用・参考文献〉

伊藤裕康（2003）「社会科教師のカリキュラムづくりに関する力量形成の研究　岡崎市立矢作東小学校・岡崎市立六ツ美中学校時代の杉浦健支の場合」香川大学教育学部『香川大学教育学部研究報告』（第Ⅰ部），第120号pp.15-29

岡崎社会科サークル編（1987）『あゆみ確かに　敬慕 杉浦健支先生』岡崎社会科サークル

佐藤正寿監・宗實直樹編著・石元周作・中村祐哉・近江祐一（2022）『社会科教材の追究』東洋館出版社

「追究」を追究することで見えるもの
―「しなやかさ」と「厳しさ」と―

山田勉（1989）『しなやかな授業―子どもの学習力を育てる―』黎明書房

1 本書について

■ 山田勉と「追究」

　タイトルにある「しなやかな子ども」は私が育てたいと思っている子ども像の一つです。様々な書籍を探している際，このタイトルが目に入りました。直感的に「これだ！」と思い，手にしたのが『しなやかな授業』でした。そこから山田勉理論にはまっていくことになりました。

　山田勉は1955年に東京教育大学教育学部教育学科を卒業し，公立小学校教員となりました。1966年に東京都立研究員となり，1969 年横浜国立大学教育学部助教授，1975年同大学教授となりました。公立の現場経験を経ての大学教員でした。私は，この公立小学校の経験が山田理論をつくるのに非常に重要だったと感じています。残念ながら1989年 5 月10日に逝去され，本書が発刊されたのが1989年 6 月30日。本書は山田の最後の単著となりました。そのように考えても本書との出会いは運命的なものだと感じます。

　『しなやかな授業』の「まえがき」で山田は次のように述べます。

> 　恐らくこの本のはじめの章で，私が年来主張し続けてきた『追究』という学習が，どんな授業のなかで具体的になるかわかるであろう。　　*(p.1)*

　山田は，「追究」という学習を，「やわらかさと厳しさを常に同時に求めているもの」とし，それを「しなやかさ」と表現しました。山田が終生追い続けてきた「追究」の学習についての全体像，「しなやかさ」の具体を描いている書が『しなやかな授業』です。

■ 山田理論のキーワード

　山田理論のキーワードとなる用語が多々あります。例えば，「生活的基礎観念」「抵抗としての教材」「目標のUターン」「自覚的自己否定」などです。一つひとつの言葉の意味理解が難解で，これらの言葉だけを並べられてもうまく解釈できません。これらの詳細は本稿では十分に解説することはできませんが，いずれも山田理論の根幹をなすものなので，後に紹介します。

■ 山田の考える授業

　山田は，常に学習者を主体として考え，教育と学問との統一を図る視点から，社会科教育の理論と実践に関する独自の論を展開してきました。常に実践者に寄り添った研究者だと私は認識しています。

　　授業は，知的内容あるいは技術的内容によって構成され，教師と子どもが共同でつくるものでなければならない。それは単に子どもが活動すればよいという立場ではない。教師の価値観や学問・教養に裏打ちされた指導によって，子どもが新しい知的，技術的世界に自ら立つ，そういうことを保障する場が授業なのである　　　　　　　　　　　　　　　　　*(p.22)*

　これは，『しなやかな授業』の最後に記されている山田の言葉です。最後の最後まで，授業というものは何かを追究し，どうあるべきかを説き続けた氏の言葉だからこそ重みがあります。

　本稿では，「追究」という概念をベースに，山田の考える授業論について説明します。

2　本書の価値

　山田の言う「追究の学習」を見ていくことで，今なお大切にするべきことに気づかされます。山田の「追究」概念とその周辺に関わる問題意識とを重ねながら読み解いていきます。まずは「追究」について確認していきます。

■ 「追究」

　「追究」は辞書的には「(学問的に) 不確かなことや不明なことをどこまでも追究すること」「学問・真理などを深く考え極めることをいう」と意味されます (『大辞林　第四版』)。子どもたちが問題を見つけ，その問題を解決するが如く調べたり考えたりしていく過程のことと一般的にとらえられるでしょう。

　山田は「追究」について次のように述べます。

> 　子どもの内面に自ら発動する力，その力に基づいて新しい知識を獲得していく，そういう学習活動を考えていかなければいけない。それが追究である。
> *(p.112)*

　子どもが自ら新しく知るという子どもの主体性を基にした学習の方法として位置づけられています。山田の言う「知識」とは，新しいことを知るという側面だけでなく，自分の経験と結びつけたときに自己変革につながるものとしてとらえているところに特徴があります。つまり，ただ問題解決をするという意味だけの「追究」ではなく，学習者である子ども自身に新たな気づきが生まれ，さらに新たな問題追究へと発展させていくものだと考えられます。

■ 「追究」の条件

　「追究」ということと人間形成が結びつかなければいけないと山田は述べます。追究するということは，子どもが自ら知ることであり，様々なことを認識するということですが，そこには人間の心情や道徳的判断が含まれます。それらを含めて認識することが重要だということです。

　山田は「追究の条件」として３つ挙げます。

---

① 追究の段階
② 追究に際する意欲
③ 追究の教育的意味

それぞれ説明します。

〈① 追究の段階〉

　漠然と知っている（感情的認識）→構造について知る（実体的認識）→本質的に知る（法則的認識）という手順のことを言います。なんとなく知っている感覚的なものから，そのものの個別的な認識を通して，その特殊的なものの中に潜んでいる本質的な部分が見えるようになる過程のことだと考えられます。その段階を踏んでいくことが追究する上で重要だということです。

〈② 追究に際する意欲〉

　「問題意識」をもてるかどうか，自分の立場がどのようなものかを自覚する必要があります。追究するには対象が必要です。追究するとき，子どもは「主観―客観」の立場で対象をとらえています。それが「主観―主観」の立場になることがあります。学習する立場から相手の立場に変換されるときです。例えば，農作業を営む方について追究していくときに，その人の立場に立って本気で考えられるようになることです。逆に相手も自分たちの立場になって考えてくれるようになります。その際，主観と主観のぶつかり合いになります。このようなときに，子どもたちは追究の喜びを感じるようになります。

〈③ 追究の教育的意味〉

　追究をして新しい知識を獲得するときに，子どもの人格向上，価値意識の高まりが必要だと山田は述べます。追究は「知る」と「育つ」の一体化がはかられなければなりません。追究することで人間的な成長がなければそれは本当の「追究」ではないということです。しかし，「知る」と「育つ」の一体化は子ども固有の世界の中で起こるので，大人が入れる領域ではありません。だからこそ難しい領域となります。子ども自らが育つために，我々教師は，「知る」と「育つ」の一体化が行われやすくなるように教え方を工夫する必要があります。

　これら3つを「追究」の条件として挙げ，これらが実現されて子どもなり

に意味のある形で身についた知識を「個性化された知識」と山田は呼びます。また山田は，普遍的な意味をもつ知識が個性化するという表現に多少問題があると断りつつ，

> しかし，それがその子どもの育つということに結び付くためには，その子どもなりの個性化がなければ，その知識は教育として意味をもたないと私は考えている
>
> (p.88)

と述べます。知識が個性化される過程の中で，学問による科学的概念と子どものもつ生活概念が一体化されていくと山田は主張します。山田は常に科学と生活の融合を大切にしていました。

■集団としての学習

　山田は集団で学習することを不可欠の要素とし，集団を通して「個」に帰っていくということを重要視します。「個」からはじまり，集団を通して，また「個」に帰るということです。そこで重要となるのが，「生活基礎観念」「Uターンのある授業」「抵抗としての教材」です。

　「生活的基礎観念」とは，個人の生活，文化や風土などが相互的に作用されてできあがる個性的な生き方のことを指します。同じ学級の中で学習していれば，この「生活的基礎観念」はそれぞれの子どもで関わり合う部分が出てきます。それが同じ事象を見るための基盤となります。それとともに，同じ事象でも，人によって見方も変わってきます。これも子どもたちのもつ「生活的基礎観念」がそれぞれちがうからです。子どもたちのもつ「生活的基礎観念」の共通性と差異性があってはじめて集団で追究する集団思考の形が意味をなします。集団での追究過程を通して，それぞれの見方や考え方をぶつけ合い，それらを通して子どもが「生活的基礎観念」の再統一を図っていきます。つまり，自分のもっている見方や考え方，認識のとらえ直しが起こります。これが，山田のいう「Uターンのある授業」というもので，**図1**に示している通りです。

　図の中央にあたるのが「抵抗としての教材」です。この「抵抗としての教材」とは，子どもに自己否定的に反省を迫る機能としての位置づけのことを

言います。子どもの学習目標と教師の指導目標を対立葛藤させ，それぞれに再検討を促し，さらに追究を深化させていくために必要なものだととらえられます。

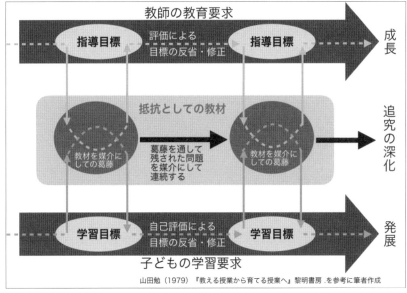

教師の教育要求

指導目標　評価による目標の反省・修正　指導目標　成長

抵抗としての教材

教材を媒介にしての葛藤　葛藤を通して残された問題を媒介にして連続する　教材を媒介にしての葛藤　追究の深化

学習目標　自己評価による目標の反省・修正　学習目標　発展

子どもの学習要求

山田勉（1979）『教える授業から育てる授業へ』黎明書房 .を参考に筆者作成

図1　Uターンのある授業

3 本書から得た学び

山田理論から得た学びを私自身がどのように生かしたのかについて論じます。多くの学びを得ましたが，その中でも即実践へとつなげたのが以下の2点でした。

① 自己評価について
② 連続した追究について

この2点について，私の経験と重ねながら説明します。

〈① 自己評価について〉

山田は，「新しい体系というものを常に生み出していくには，前に入れた

中身を自分自身で新しくしていく必要がある」と述べます。そのことを「自覚的自己否定」と述べ、子どもが自分の考えや生き方をアップデートするにはこの「自覚的自己否定」が必要だと主張します。山田の言う「しなやかさ」のなかに含まれる「厳しさ」とは、この「自覚的自己否定」のことを表しています。この「自覚的自己否定」は、先述した「抵抗としての教材」を含む「Uターンのある授業」の中だけでなく、子どもが自己評価を行う際にも行われます。抵抗というものがなく、最適なものばかりであれば、「その子の人間性というものは少しも広がらない」と山田は述べます。子どもに適したものばかりだと、子どもは成長しません。個別最適な学びの重要性が指摘されている昨今、私もこの自己評価が重要だと感じています。

■ 自覚的自己否定のある授業

　山田は、自己評価の重要性について次のように述べます。

> 「教育評価は自己評価に集約される。評価は自己評価にならない限り教育的な意味をもつことはできないのである。」 　　　　　(pp.186-187)
> 「学習が自立して自律的に行われるためには、学習者自身の学習機構のなかに、自己否定的に自己の発展が図られるような自己調整機能が必要となる。評価は、この自己調整機能の中核に座る働きと考えればよいであろう。自己の今の学習をあらゆる観点から評価して、次の学習を生み出していく。これこそがいわゆる自己評価と言われるものなのである。」(p.188)

　山田が重要視している、「自覚的自己否定」の考えがよく表れています。

　私も『社会科「個別最適な学び」授業デザイン〈理論編〉』(明治図書出版、2023) の中で、安彦忠彦の論を引用しながら自己評価についての必要性を説明しました。そこで重要だと考えたことが、自己評価のみならず、「自己評価に対する他者の評価」です。教師は、子どもが行った自己評価に対する評価を行い、その妥当性を明示するべきです。例えば、**図2**のようにチェック項目で子どもが自己評価したものに対し、教師もチェックを入れていきます。

【単元のまとめ】
明治時代は、後代に伝わる文化の基礎が築かれた時代である。
数々の近代化が進む中で電灯が灯ったりした明治時代。
江戸時代では、鎖国をしていたが、ペリーが乗った黒船によって、開国に及びました。
なので、明治の時代背景は、文明開花による、日本文化の変化した時代と読み取れます。さらに、岩倉具視使節団によって、江戸幕府から、新しい、明治の政府を築いていったことがわかる。

【課題】
ネットだけでなく教科書をもっと使うのと、具体的な資料を用意する。
1人の人物に関連する人物も調べていきたいです。

【自己評価】
☑単元の「問い」と仮説を立てることができたか
☑仮説をもとにした追究ができたか
☑目に見えないものを追究できたか
☑今まで学んだ知識を使えたか
☑単元に必要な知識を十分に獲得できたか
☑自己評価（メタ認知）ができたか
☑自分の課題を見つけることができたか

【先生から】
☐単元の「問い」と仮説を立てることができたか
☐仮説をもとにした追究ができたか
☐目に見えないものを追究できたか
☐今まで学んだ知識を使えたか
☐単元に必要な知識を十分に獲得できたか
☑自己評価（メタ認知）ができたか
☐自分の課題を見つけることができたか

図2　子どもが行った自己評価と，それに対する教師の評価

　それを見た子どもは，自分と他者との評価の同一と差異に気がつきます。その際，なぜ差異があるのかを考えることで，自分の学びや在り方を振り返ることになります。それを繰り返すことで，子どもの自己評価の質と妥当性も向上すると考えられます。

　また，授業後に教師がその子と話すことで即時的にフィードバックすることもできます。例えば，「たしかに追究するときが難しかったね。今度は教科書も使いながら追究してみてはどう？」や「今日は○○さんの発言のおかげで□□の意味や特色まで見えるようになりましたね」などの声かけが考えられます。その際，山田の主張する「自覚的自己否定」を子どもがどれだけできているかを鑑みて声かけをすることも重要です。

〈② 連続した追究について〉

　「対象と自分との関係を持続させていくことが重要」だと山田は述べます。具体例として，本書の中で小学校の5年生の工業の学習を紹介しています。ある工場について徹底的に学習させた後，その工場の分析を通して日本の工業をとらえようとした学習です。その後の商業の学習のときに，子どもが具体的な事例を用意して学習をはじめたということです。また，5年生で農業を学習する際，自分たちの地域に展開する農業の状況を考察した後，日本の歴史を学習する際に，この地域にその歴史を示す何かがないだろうかということで，郷土史の研究を踏まえるような形の学習を展開したということです。対象と自分との関わりが連続している姿として山田はとらえていました。

　このように，「対象と自分との関係を持続させていく」とは，対象と自分との関わりがより明確に現れる「具体」を通して「全体」をとらえ，その関係性をまた次の学習にもちこむことを言います。

　自分で獲得した見方や考え方を適用している子どもの姿です。子どもはこのように事象を身近なものに引きつけようとしますし，対象を自分と関係の

表1　第5学年社会科「水産業のさかんな地域～瀬戸内海に浮かぶ小さな島 坊勢島～」単元構想図

時	着目させること（調べること）	資料	主な問い	獲得する知識
1	坊勢島の概要	・上空写真 ・水あげされる主な魚 ・坊勢のり	「坊勢島はどのような所なのだろう？」	・坊勢島は海に囲まれた島で，様々な魚が多くとれる漁場である。 ・島の大半の家庭（約7割）が漁業に従事している。
			水産業がさかんな坊勢島では，どのような漁をしているのだろう？	
2	のり養殖	・海苔養殖の1年 ・潜り船	「坊勢では，のりをどのようにして育てているのだろう？」 「なぜ何度ものりを洗うのだろう？」	・のりの養殖は，生産量が安定するよう計画的に行われ，安心・安全なのりがつくれるように工夫している。
3	サワラはなつぎ漁	・はなつぎ漁 ・魚群探知機 ・運搬船 ・血抜きの技術 ・華姫サワラ（ブランド）	「坊勢では，サワラをどのようにしてとるのだろう？」 「サワラのはなつぎ漁では，なぜ3艘1組になるのだろう？」	・はなつぎ漁では，3艘で1組になり，とれたサワラは運搬船で港へ運んでいる。 ・とれたてのサワラを船上で血抜きし，「華姫サワラ」としてブランド化している。
4	サバ蓄養	・まき網漁 ・出荷調整	「坊勢では，サバをどのようにしてとるのだろう？」 「なぜすぐに出荷せずに蓄養をするのだろう？」	・鯖の蓄養は，出荷調整をすることで安定した収入を得ることができる。
5	イカナゴ船びき漁妻鹿漁港	・魚群探知機 ・妻鹿漁港 ・せり　入札 ・保冷トラック	「坊勢では，イカナゴをどのようにしてとるのだろう？」 「なぜイカナゴ漁は魚の群れを発見することができるのだろう？」 「妻鹿漁港で働く人たちは，水あげされた魚をどうするのだろう？」 「水あげされた魚は，どのようにしてわたしたちのところへ届くのだろう？」	・妻鹿漁港は，水揚げができる港と水産加工工場や小売店などを備えている。 ・水揚げされた魚は，種類や大きさごとに分けられた後，大型冷蔵庫で保存，氷詰めにしてトラックなどで新鮮なうちに消費地に輸送，または加工工場へ運ばれる。
			他の地域の水産業はどのようにしているのだろう？ これからの日本の水産業はどのようにするべきだろう？	
6	日本の水産業	・教科書の事例	「日本各地では，どのような水産業が行われているのだろう？」 「なぜ日本は多くの魚がとれるのだろう？」	・国土を海で囲まれ，寒流，暖流がそばを流れ良い漁場をもつ日本は，世界有数の魚介類の消費国である。
7	日本の水産業の問題点	・200海里水域 ・乱獲 ・やせた海	「日本の水産業が抱える問題に対してどのような取り組みをしているのだろう？」 「世界の中でなぜ日本の漁獲量だけが減っているのだろう？」	・200海里水域や乱獲の影響で生産量は減少傾向にあるが，水産資源回復の取り組みも行われている。
8	持続可能な水産業	・栽培漁業 ・豊かな海 ・海を耕す ・植樹 ・かいぼり	「これからの日本の水産業はどうあるべきなのだろう？」 「育てた魚をなぜ放流するのだろう？」	・水産業に携わる人々は，自然環境や資源のことにも配慮し，持続可能な漁業生産をしようとしている。
9	単元のまとめ	・振り返り	坊勢漁協の上西さんに「わかったこととさらに知りたいこと」をメールをしよう。	・水産業は自然環境と深い関わりをもち，水産業に携わる人々の工夫や努力によって営まれている。 ・水産業はわたしたちの食生活を支えている。

【獲得させたい概念的知識】
水産業に関わる人々は，消費者のニーズにこたえるために，魚のとり方や出荷・運輸方法など，様々な工夫をしている。
水産業に関わる人々は，生産性や品質を高めるよう努力したり新しい方法を試みるなどして，食料生産を支えている。
水産業に関わる人々は，水産資源の回復に対する取り組みに努め，持続可能な水産業を目指している。

あるものとして見ようとします。それが,「社会的事象が身近になる」「社会的事象を身近にする」ということの一つではないかと考えます。

　実際に私もそのことを強く意識しています。地域の事例について時間をかけて追究し,その後に全体像を見ていくという形です。例えば,**表1**のように地域の漁業について学習した後,日本の水産業についてみていくという展開です。

　地域の事例だけで終われば地域学習になりますが,地域の事例を学習した後に一般化を図って日本の水産業について学習するようにします。地域を詳細に見る視点から日本の産業について大きく見る視点をもって子どもが追究をする過程をもちます。

　その後,子どもたちが「地域(具体)から全体(抽象)」という見方を獲得します。例えば,後の工業の学習をする際に,「近くに何かの工場があるからそこを調べてみたい」と声をかけてくる子や地域の林業に関する自主学習をノートに書いて持ってくる子など,まずは地域の「具体」を意識する子が出てきます。

　集団で一つの学習を通して得た視点が,それぞれ自分で追究を進める際の視点となります。　　　　　　　　　　　　　　　　　　　　　(宗實直樹)

〈引用・参考文献〉

山田勉(1972)『追究としての学習』黎明書房

山田勉(1974)『抵抗としての教材—認識過程の科学化』黎明書房

山田勉(1976)『社会科内容精選の理論と方法』明治図書出版

山田勉(1976)『社会科教育法—問題解決学習へのすすめ』秀英出版

山田勉(1979)『教える授業から育てる授業へ—学習主体性論の展開』黎明書房

山田勉(1980)『歴史・政治教材と教科書検定』国土社

山田勉(1982)『わかる社会科の授業—その本質と実践』秀英出版

山田勉(1983)『社会科の授業と単元展開』秀英出版

山田勉(1986)『学校のもつ教育力—その退廃と再生』黎明書房

山田勉(1989)『しなやかな授業—子どもの学習力を育てる』黎明書房

市川博・影山清四郎 編(1991)『子どもが追究する授業の展開—山田勉 社会科授業論』日本書籍

松村明 編(2019)『大辞林　第四版』三省堂

経済思考力の育成をめざす
―より深い学びの視点として―

山根栄次（1990）『「経済の仕組み」がわかる社会科授業』
明治図書出版

1 本書について

■新しい切り口としての経済教育

　本書の初版は1990年です。その当時，小・中学校の経済教育に関する書籍は非常に少なく，かなり貴重で大きな存在感を放ったと想像できます。そもそも社会科の内容には経済に関わる内容がかなりあるにも関わらず，経済教育が理論的にも実践的にも十分な研究が進んでいない原因として，筆者の山根栄次は以下のように分析しています。

> 　この（経済教育が十分な成果を上げていないこと）の原因としては，社会科教育の研究者の中で経済教育を専門に研究している人がきわめて少ないこと，教師が大学時代に地理や歴史と比べると経済学をあまり学習していないこと，社会科と言えば地理と歴史が中心であると考える人々が教師や親を含めて多いこと，また文科省も伝統的に社会科における地理教育と歴史教育を「充実」しようと努めてきたが，経済教育の充実には強い関心を示してこなかったこと，経済の内容は抽象的で理解することが難しいと考えられていること等がある。
> (pp.3-4)

　自分の経験を振り返ってみても，山根の分析通りになっていることに気づかされます。社会科と言えばどうしても地理や歴史というイメージをもっており，小・中学校時代は地図に興味関心が高まり，歴史上の人物に知的好奇心を喚起されたものの，「需要と供給」「価格の変動」などに心を動かされた記憶はありません。むしろ抽象的かつ難解であまり理解できないという軽い忌避感すらあったように思います。そのためか，教職に就いてからも経済的な学習事項は自分からは遠い存在として認識していたのかもしれません。と

いうよりも，自分の意識下に入っていないものだったように思います。恥ずかしながら本書を手に取ることでやっと社会科を経済的な切り口（側面）からとらえることの重要性・必要性に気づかされました。

■経済思考力の欠如

　本書は，生粋の研究者である山根が，10年の歳月をかけて経済教育の理論と実践の結果として生み出された書籍だけに，全体として山根の熱のこもった主張が感じられます。

　第Ⅰ章では「今の社会科に欠けているもの」という章立てで鈴木正気，安井俊夫，有田和正という社会科教育史上でも著名な3人の実践を取り上げ，その問題点を指摘しています。この3人の実践を批判的に検討すること自体にかなりのインパクトがあります。

　鈴木実践については，生産労働の科学的認識や社会的分業の認識については目標として位置づけがあるものの，経済思考力の育成は目標として位置づけられていないこと。安井実践では，財やサービスの価格が，その財やサービスに対する需要と供給の関係によって決定される市場の論理を子どもが理解していないこと。有田実践では，各学年での経済思考力の内容の吟味がなされていないことなど，子どもの経済思考力を十分に育成しようとしていないという共通の問題点を指摘しています。

　山根は社会的事象を経済（学）的に思考することを「経済思考力」と定義づけをし，算数や数学のように系統的な積み上げをしなければ育成するのは難しいとしています。そのため，第Ⅳ章において，低学年の生活科から中学校の公民的分野に至るまでの各学年において，どのような経済教育が可能であり，どのようにして経済思考力を育成していくのかを具体的に述べています。出版当時の学習指導要領（平成元年3月告示）に基づいての論ではありますが，学習内容は現在の学習指導要領と大幅な相違はないため，参考にできる部分が多いでしょう。

2 本書の価値

■経済教育を概観できる

　本書を読むことの価値としてはまず，「小・中学校の社会科における経済教育を概観できる」ことが挙げられます。本書は小・中学校の経済教育に特化し，経済教育に関わる重要な実践を基に歴史的な変遷もおさえられています。社会科創世期の初期社会科においては無着成恭「山びこ学校」の実践，日本生活教育連盟の永田時雄「西陣織」の実践，新潟県上越教師の会における生産労働を軸にした社会科の研究，長洲一二の「国民教育論序説」「社会科学と社会科教育」における経済教育論を取り上げ，その概要及び意義と問題点を指摘しています。そこでは，初期社会科学習指導要領との対応においてもかなり豊かな経済教育の内容があり，生産や産業や経済社会の現実の認識や経済の制度や仕組みの理解だけでなく，経済思考力の育成が目指されていたようです。

　　このような初期社会科における経済教育を発展させていれば，日本の社会科における経済教育は質の高い経済思考力を育成するものになっていたと思われる。しかし，実際には，特に民間教育団体が進めていった社会科における経済教育は日本社会の問題あるいは日本における労働・生産の矛盾を子どもに認識させることに傾いていった。　　　　　　　　*(p.65)*

　つまり，社会の問題や矛盾を批判的に認識させることが強調され過ぎており，資本主義の基礎である市場の論理を客観的に理解し，生活をより豊かにし，生産をより効率的にできるか考えるための経済思考力育成に力を注がれてこなかったのです。このように経済教育の概観をとらえることで目指すべき方向性のヒントを得ることができます。

■日本の経済教育の方向性

　山根はその当時，経済教育の研究と実践が盛んであったアメリカに学びつつ（経済概念の理解と経済思考力の育成）も，これまでの日本の社会科の特質（現実の消費生活，労働・生産・産業及び経済社会の認識）をミックスし

て両立させたハイブリットな経済教育を目指すべきだと述べています。つまり，現在及び将来において市場経済を基本とする混合経済体制という経済システムの中，様々な経済行為や経済的役割を合理的に成し遂げていくことができる子どもを育てる（経済社会科）ということです。そのための具体的な方向性が示されています。

> ① 消費者経済教育　　② 生産者経済教育　　③ 公共人経済教育
>
> (pp.91-104)

　①，②，③それぞれの立場において合理的に意思決定できるようになることですが，③は完全に山根の造語であり，国や地方公共団体の経済的な決定や活動（経済政策）に影響を与えたりそれに参加したりする市民としての経済的側面の人格とされています。

　さらに山根は経済教育における教師の立場まで言及しています。一般論として，生産者と消費者は相互依存の関係にはありますが，お互いの利益が対立する問題を扱う場合はより被害を受けやすい消費者の立場に立った教育が必要だと述べています。また経営者と労働者においては，基本的には経営者に立場の優位性 があるとみると労働者側に立った教育が妥当だと考えられますが，状況や目的によっては経営者側の立場に立った教育もありえると述べています。

　このように社会認識が一つの大きな目標となっている社会科において経済思考力を駆使し，合理的意思決定をしながら豊かな生活を築いていくことが必要であるという山根の主張は公民的資質の一側面であり，社会科授業をつくる上で参考にすべき重要な提案だと言えるでしょう。そういった意味でも本書を手に取る価値があるのではないでしょうか。

3 本書から得た学び

■学習指導要領における経済教育

　山根が述べる経済教育が平成29年告示の学習指導要領解説社会編においてどの内容で実践することができるでしょうか。本書の知見を基に経済教育が

可能だと思われる内容を提案します。

第3学年

○市役所など主な公共施設の場所と働き

○地域に見られる生産や販売の仕事

第4学年

○人々の健康や生活環境を支える事業（飲料水・電気・ガスを供給する
事業及び廃棄物を処理する事業）

○県内の特色ある地域の様子

⇒特に伝統的な技術を生かした地場産業が盛んな地域及び地域の資源
を保護・活用している地域

第5学年

○我が国の農業や水産業における食料生産

⇒特に輸送，価格や費用に着目する

○我が国の工業生産

⇒特に貿易や運輸

第6学年

○我が国との関わりの政治の働き

⇒特に法令や予算，租税の役割など

○グローバル化する世界と日本の役割

⇒特に我が国とつながりの深い国及び我が国の国際協力の様子

（小学校学習指導要領（平成29年告示）解説社会編を基に筆者作成）

上記の学習内容は，かなり明瞭にイメージがしやすいと思われます。しか
し，これらだけでなく，経済視点での授業づくりは他の学習内容でも可能だ
と考えます。

特に第6学年の歴史学習において経済の視点で切り込んでいくことは時期
や推移などに着目するだけではない新しい見方・考え方を働かせることにつ
ながるのではないでしょうか。

■深い学びへ誘う視点として

　第Ⅳ章において低学年から中学校公民まで，どのような経済教育が可能であるかが示されています。それらを参考に，経済教育の実践例をいくつか提案します。先行研究には多くの知見がありますが，私が実践したものや構想している授業を紹介させていただきます。

【3年生】

　スーパーマーケットの学習において地域にある2つのスーパーマーケットを取り上げます。同規模のスーパーマーケットにも関わらず，一方のお店は鮮魚の種類が豊富で値段も安くなっています。駅からも遠く，お客さんを呼ぶには条件があまりよくないにも関わらず鮮度がよいと評判でよく売れています。その理由を考える学習です。

　地図を活用するとその理由が見えてきます。実はそのお店は大阪中央卸売市場のすぐ近くにあるために（徒歩1分）輸送費がほぼゼロなのです。その分を価格に反映できます。経済概念としては「希少性」に該当するでしょう。逆に駅近くにあるもう一方のお店は総菜が充実しています。仕事帰りの方が多く買うからです。お客さんのニーズに合わせた販売者の工夫が見えてきます。

【4年生】

　大阪市の水道水がどのような過程でつくられるのかを学習した後に，水道局の方に悩みを教えていただきます。

　現在，古い水道管を地震などにも耐えうる耐久性の高い水道管に変えていく工事を進めています。

　しかし，1kmの水道管を変えるのに約1～2億円かかります。大阪市の古い水道管は現在でも約3570kmもあります。そしてその費用は利用者の水道料金から賄われますが，大阪市の水道料金は大阪府の中で一番安く，全国的にも安い料金になっています。少子高齢化となる中，水道を利用する人や企業の数が減少し，収入が減っている現状があります。そのため水道料金の値上げも視野にいれなくてはいけません。子どもたちは水道料金を値上げするべきかどうかを考えました。意見はほぼ2つに分かれました。「大阪市

は人口約270万人の大都市であるから，少しの額を上げるだけでも多くの費用が捻出できる。水道料金を上げるべきである」という意見，「コロナ禍に加えて物価高が続いている今の状況でさらに苦しくなる人が出てくるので上げるべきではない」という意見。さらには，「家庭での水道料金は上げずに企業など法人の水道料金を上げる」という新たな意見も出ました。経済概念の「トレードオフ」が該当するでしょう。

【5年生】

　情報産業の学習では新聞や放送局において情報を利用者（消費者）に速く正確に提供する仕組みを学びます。その際に，「テレビを見るときにお金を払っているのか」を子どもに聞きます。ほとんどが払っていないと答えるでしょう（「払っている」と答える子どもはおそらくNHKのことを言うと思います。そこからでも授業展開は可能でしょう）。では，視聴者がお金を払っていないのになぜ放送局がテレビを放映できるのかという問いで学習を進めます。そこで広告収入の存在など経済思考力の育成へとつなげることができます。

【6年生】

　江戸時代の文化学習の発展として，北前船を教材として取り上げます。北前船は，全国各地の港を回り，その地の特産物を安く買い，その土地にないものを高く売るという手法で莫大な利益を上げていきます。

　1回の航海で約1億5000万円の利益があったと言われています。「1回の航海でなぜこんなに利益を上げることができるのか」という問いで追究をします。

　私の勤務する大阪は，大阪で獲れることがない昆布が大阪の特産品になっています。その理由は，大阪は北前船の寄港地であり，北海道の昆布が特産品として運ばれてきて食文化として根付いたからです。これらの学習から，「希少性」や「価格のしくみ」などの経済概念が該当するでしょう。

　経済思考力の育成の視点は通常の社会科授業を深い学びで誘う重要な切り口と考えています。
　　　　　　　　　　　　　　　　　　　　　　　　　　　　（石元周作）

〈参考文献〉
戸田征男（2016）「情報産業の構造を読み解く小学校「情報単元」の授業開発 「フリー」のビジネスモデルを事例として」社会系教科教育学研究28 pp.41-50
大阪教育大学経済教育研究会編（2020）『経済教育実践論序説』大学教育出版
梶谷真弘（2020）『経済視点で学ぶ歴史の授業』さくら社

授業設計の解像度を上げる

岩田一彦［編著］（1991）『小学校 社会科の授業設計』 東京書籍

1 本書について

■ 岩田一彦の経歴と人物

　岩田一彦 は広島大学大学院で博士号まで取得され，福井大学教育学部講師・助教授，兵庫教育大学助教授・教授，兵庫教育大学附属図書館長，兵庫教育大学連合学校教育学研究科（博士課程）長，兵庫教育大学大学院特任教授，関西福祉大学大学院特任教授等を歴任されてきました。

　社会系教科教育学会や全国社会科教育学会の会長にもなられています。また，兵庫県功労者（教育功労）としても表彰されており，日本の社会科教育において多大な功績を残されています。書籍も数多く残されており，今回紹介している『小学校 社会科の授業設計』（1991）や『「言語力」をつける社会科授業モデル小学校編』（2008），『小学校社会科 学習課題の提案と授業設計—習得・活用・探究型授業の展開』（2009）等があります。後半の2冊は今でも定価で手に入れることができます。

　また，明治図書出版の『社会科教育』の臨時増刊号には，様々な研究会での対談の様子が残されています。ここからも人柄をうかがうことができます。『社会科教育1997年3月号臨時増刊　21世紀をつくる子供にどんな社会を見る目が必要か』では，失敗事例として林野庁が未来予測を誤り，大量の杉を植えてしまったことを取り上げたり，成功事例として漁師が山に木を植え牡蛎や魚が多くとれるようになったことを取り上げたりして，30年先 を読んだ行動や事例をたくさん開発したいと述べています。そして，その先に「明日の社会と明日の自分が読める社会科，それこそが生きる力の社会科だというふうに私は思っております。」と述べています。

　また，『社会科教育95年7月号臨時増刊　"地域"を授業する　地域教材をどう教材化するか　☆21世紀の社会科を考える会　第3回鹿児島大会の記録』では，テーマとして挙げられた「私が文部科学省の教科調査官だったら21世

紀にかかる次の指導要領改訂をこんなふうなことで提言したい」に対して岩田は前日に行った鹿児島の蕎麦屋でもらったパンフレットからわかる食生活と平均寿命の相関関係を例に挙げ，事実として面白い社会科で子どもを引きつけるようにしたいと述べています。

■書籍との出会い

　私がこの書籍に出会ったのは，『小学校社会科　学習課題の提案と授業設計　習得・活用・探究型授業の展開』（2009）がきっかけです。この書籍では「問い」「問題」「課題」「学習問題」「学習課題」といった曖昧に使われがちな言葉がきちんと整理されていたり，習得・活用・探究型の授業の理論と実践が紹介されたりしています。この書籍に感銘を受けて他の書籍も読むことにしました。

2 本書の価値

　この書籍のつくりとしては，「授業設計の理論」とその理論を受けた「授業設計の実際」で構成されています。もちろん，この授業設計の理論の隙のなさも素晴らしいのですが，この授業設計の理論を指導案に起こしている執筆者の方々についても同様に素晴らしいと感動しました。

　この後，紹介する4つの視点から授業設計することはなかなかできることではありません。また，興味深いこととしては，理論を紹介する中で，授業分析の例示として「鈴木正気の久慈の漁業」「若狭蔵之助の酪農家中里さん」「有田和正のどちらが専業農家か」を取り上げていたことです。

■授業設計論がなぜ必要なのか

　岩田（1991）は授業研究会で感想的発言が飛び交っていることの原因をこのように述べています。

> 　最大の理由は授業設計者が一貫した理論を明示して学習指導案を書き，授業実践をしていないからである。学習指導案が書かれているいじょう，暗黙の内に理論が存在している。しかし，それを明示しない，あるいは，

できないでいるのが今日的状況である。明示された理論は整合性を問われる。その結果，首尾一貫性が次第に整ってくることになる。それに対して，暗黙の内に存在する理論は整合性を問われることがない。その結果，都合のよい理論だけをつまみ食いして授業設計する結果になりがちである。

(p.1)

　恐らくこれを読んでいる多くの方にとっても，このような経験はあると思います。私にとっても大変，耳が痛い記述です。実際，私自身，自分一人のみで研究理論を作成した際，後付けで作成したようなものがあったり，それを指導案に適切に位置付けられなかったりして授業設計が十分できていなかった経験があります。つまり社会科理論と授業設計のつながりが弱いのではないかということです。

　そのつながりが弱い問題点として，4点あげています。整理すると以下のようになります。

	④学習指導案の書き方の実際
①社会諸科学の研究成果との結合	教材構造の形 ⇒単元目標、本時の目標
②知識分析論の組み込み	目標構造の書き方、学習過程の書き方
③認識過程と問いの構造	本時の学習指導細案の中で生かしていくこと

岩田が挙げた4つの問題点を整理し筆者作成

　問題点は4つあるのですが，④の指導案の書き方については①②③についても加味していく必要があるということです。④についてはよくわかると思うのですが，①②③についてはわかりにくい部分もあると思うので，簡単に補足説明をします（この岩田の書籍では，次の章にこの4つを踏まえた授業実践の具体を載せています）。

　① 社会諸科学の研究成果と結合…上位概念から下位概念に下ろしていく中で，概念の関連を明らかにし，単元の中に適切に位置付けることによって確実な学習内容の定着ができるとしています。

② 知識分析論の組み込み…岩田（1991）は以下のように知識を分類しています。このように示すと，現在でいう知識の構造図をイメージされる方も多いと思います。知識の位置付け方は理論によってちがいはあると思います。このように知識を分析し，指導案に位置付けていくことを大切にしていきたいです。

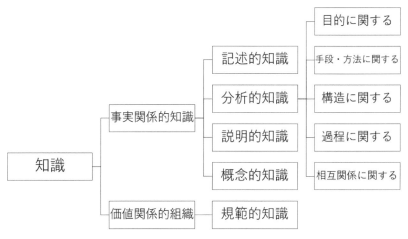

知識の分類（p.44）を基に筆者作成

③ 認識過程と問いの構造…子どもにとらえさせたい知識を，子どもの「問い」の形で整理します。先ほど整理したものと関連させています（次頁の図は岩田が作成したものを一部加工したものです）。このように示すと「問い」とそれによって獲得する知識が関連していることがよくわかります。授業設計において「問い」「知識」をどのように設定していくとよいのか考えていく必要があると言えます。

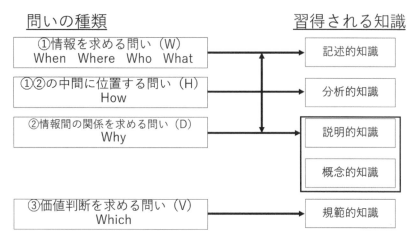

問いと習得される知識との関係

■ 授業設計論の分析と３人の授業

　前述したように３人のすぐれた実践を取り上げ，授業分析を行っています。これらの分析から，当時の社会科授業設計の問題点が浮き彫りになってきました。下の図は私が書籍を読みながらまとめていったものです。

　ただ，これは岩田（1991）が書籍を読んだ上での分析であり，岩田氏がこれからの社会科でどのようなことを打ち出していくべきなのかを示したかったのではないかと考えます。

	鈴木正気 久慈の漁業	若狭蔵之助 酪農家中里さん	有田和正 どちらが専業農家か
ア．目標の明確化に基づいて授業内容（教科内容）が設定されているか	○	○	○
イ．授業内容は知識の質的レベルを反映化して構造化させているか	△	△	△
ウ．授業内容をより効果的に習得（探究）させるという観点から、教材が選択されているか	○	○	○
エ．授業過程は思考過程ないし探求過程として論理的に構成されているか	△	△	△

すぐれた３人の実践と授業設計論の分析

　そして，書籍の後半にこの「イ．授業内容は知識の質的レベルを反映化して構造化させているか」「エ．授業過程は思考過程ないし探求過程として論

理的に構成されているか」の部分も組み込んで授業設計を行っています。

　さらに書籍の後半には，
（1）社会諸科学の成果を組み込んだ授業
（2）知識分析を生かした授業
（3）子どもの問いの過程を重視した授業
（4）単元計画に明確に位置づいた授業
（5）教材構造・目標構造を明確にした授業
（6）問題をとらえさせる過程に注目した授業
（7）予想から仮説への過程に注目した授業
（8）仮説を確かめる過程に注目した授業
（9）「まとめ」の過程に注目した授業
（10）価値分析を組み込んだ授業
が挙げられています。

　様々な実践が示されており，読書の興味，関心に沿って読んでいくことをおすすめします。
　また，先述した「イ．授業内容は知識の質的レベルを反映化して構造化させているか」において以下のように研究仮説を提示しています。

　　学習内容の知識分析によって知識取得の過程とこれに必要な思考を明らかにして（認識過程を明らかにして）授業設計を行なえば，子どもは主体性をもってより確実に学習内容を習得する。　　　　　　　　　　（p.106）

としています。実践では，知識を分析しておくことで，子どもの予想での不足している点がわかり，そこを次の課題として挙げていくことができていました。

3 本書から得た学び

【解像度を上げていくことの大切さ】

　この書籍もそうですが，岩田の書籍を読むと，曖昧でぼやけていたことの解像度が上がっていきます。今まで，何となくしていたことに名称があり，そこに裏付けられた理論があるということです。挙げればきりがないのですが，一例として学習問題のとらえ方について紹介します。

　社会科の授業づくりで学習問題について，尊敬している先輩教員と話をしているときに，「これでズレ（矛盾）が生まれて学習問題をもてませんか？」と尋ねると，毎回と言っていいほど「ズレてない（矛盾してない）」と言われていました。自分の中では矛盾が生まれ，よい流れだと思っていたのでなぜだろう？　と思っていました。この書籍の中には，ズレを生み出す4つの方法が書かれています。

> ① 既習事項との矛盾を認識させる方法
> ② 事象間の矛盾を発見させる方法
> ③ 新しい知識の習得による知的好奇心に訴える方法
> ④ 子どもの生活経験と関連させて学習問題をとらえさせる方法
>
> *(p.81)*

　自分の中ではすべて事実と事実のズレというとらえだったものが，言語化され位置付けられていることを知り，すごく納得したのを覚えています。このように社会科の研究を深めていくことは大切です。そして，今まで見えていなかったものが見えてくること，わからなかったものがわかってくることは何事にも代えがたいことなのは間違いないでしょう。目の前の子どもや地域，そしてこのような授業設計論のバランスをしっかりとりながら実践に取り組んでいきたいと考えます。　　　　　　　　　　　　　（近江祐一）

〈参考文献〉

岩田一彦・米田豊編著（2008）『「言語力」をつける社会科授業モデル小学校編』明治図書出版

岩田一彦編著（2009）『小学校社会科　学習課題の提案と授業設計―習得・活用・探究型授業の展開』明治図書出版

岩田一彦（2001）『社会科固有の授業理論・30の提言―総合的学習との関係を明確にする視点（社会科教育全書42)』明治図書出版

鈴木正気（1978）『川口港から外港へ―小学校社会科教育の創造』草土文化

有田和正（1982）『子どもの生きる社会科授業の創造』明治図書出版

21世紀の社会科を考える会編著（1997）『社会科教育1997年3月号臨時増刊　21世紀をつくる子供にどんな社会を見る目が必要か』明治図書出版

21世紀の社会科を考える会編著（1995）『社会科教育95年7月号臨時増刊　"地域"を授業する　地域教材をどう教材化するか　☆21世紀の社会科を考える会　第3回鹿児島大会の記録』明治図書出版

第2章　「古書」から得る22の学びの種

授業を見る眼を養う

岩田一彦編著（1993）『小学校 社会科の授業分析』 東京書籍

1 本書について

■ 授業設計から授業分析へ

前述した（p.150）の『小学校 社会科の授業設計』（1991）に続く書籍です。前著は「授業設計」で，本著は「授業分析」です。しかし，一本筋は通っており，理論を明確に設定していくというところは共通しています。また，どちらも社会科の研究授業，研究会が十分に機能していないことを問題視しています。

2 本書の価値

この書籍のおもしろさは様々な実践を「分析」しているところにあります。有名なところでいくと，長岡文雄の「寄り合い」の実践や有田和正の「ポストづくり」，若狭蔵之助の「酪農家中里さん」の実践があります。これらの実践を分析するにあたり，以下の4点を基本的立場としています。

1. 「知る」「わかる」「考える」のそれぞれに対応する授業過程を設定する。
2. 「知る」「わかる」「考える」過程で習得される知識の分類を基本において授業過程を設定する。
3. 社会諸科学の研究成果を授業過程に体系的に組み込む。
4. 授業の基本型は教師発問と子どもの発言によって構成する。（p.1）

また，授業分析を3部に分けて構成しています。①学習指導案との関係，②問いとの関係，③（当時の）新教育課程で特に注目されている視点（鍵概念，体験・経験，関心・意欲と授業実践との関連）で構成されています。今回は，②問いとの関係について抽出して論じていきますが，どの分析も社会

科について学んでいく際に知っておいて損はないことばかりです。

授業を見る際に，今までなんとなく見ていたものの解像度を上げてくれる書籍です。今ならば，「授業の見方・考え方」といって差し支えない内容です。

■なぜ授業分析に問いとの関係の視点が必要なのか

岩田（1993）は研究授業の参観時にメモを取り続けている人が少ないことから，確実な情報でない断片的な情報で語り，印象批評型の授業研究会になってしまっていることが散見されていたことから以下のように述べています。

> このような状況を改善するために，少なくとも，授業における問いと答えの過程の記録をとり授業の事実を提示できるようにしたい。
> 社会科の授業は，問いと答えの流れとして展開される。その流れにおいては，教師の問い，子どもの問い，教師の答え，子どもの答え，と多様な様相をみせる。授業の基本は問いと答えの流れである。問いには，記述を求める問い，分析を求める問い，説明を求める問いといったように，種類の違った問いが多様な形で展開されている。答えには問いとの関係で種類の違った知識が含まれている。 *(p.15)*

社会的事象の見方・考え方を働かせるポイントの大きな要素に「問い」があります。「問い」が大切にされているのは，今も昔も変わらないことです。授業をつくっていくときに「問い」を意識することはありますし，授業を参観する際も「どんな問いかな？」と気にかけていることは多いと思いますが，そこでどのような分析をしていくのかはあまり意識されていません。

問いについて，（1）問いを深めていく，（2）多様な問いを大切にする，（3）問いの構造化を図る，（4）ミクロな眼で問いと授業を分析する，（5）問いと知識，で示しています。この中の（5）問いと知識については前項で大まかに説明しているので，本稿では，（3）問いの構造化を図る，（4）ミクロな眼で問いと授業を分析する，について論じていきます。

（3）問いの構造化を図る，では，長岡の「寄り合い」（小6）の実践を取り上げて分析しています。問いを発するのは基本的には子どもですが，教師

の問いが効果的にあり，追究がよりよいものになっています。主発問，副発問，副々発問，答えを図示してみました。

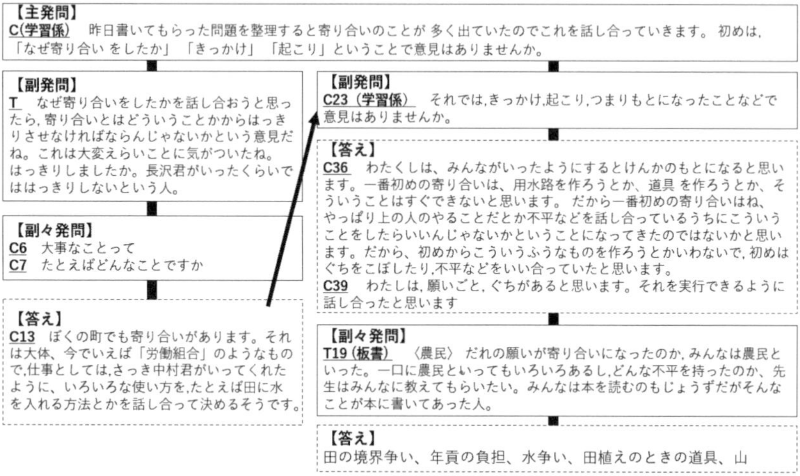

【主発問】
C(学習係)　昨日書いてもらった問題を整理すると寄り合いのことが 多く出ていたのでこれを話し合っていきます。初めは，「なぜ寄り合い をしたか」「きっかけ」「起こり」ということで意見はありませんか。

【副発問】
T　なぜ寄り合いをしたかを話し合おうと思ったら，寄り合いとはどういうことからかはっきりさせなければならんじゃないかという意見だね。これは大変えらいことに気がついたね。はっきりしましたか。長沢君がいったくらいでははっきりしないという人。

【副々発問】
C6　大事なことって
C7　たとえばどんなことですか

【答え】
C13　ぼくの町でも寄り合いがあります。それは大体，今でいえば「労働組合」のようなもので，仕事としては，さっき中村君がいってくれたように，いろいろな使い方を，たとえば田に水を入れる方法とかを話し合って決めるそうです。

【副発問】
C23 (学習係)　それでは，きっかけ，起こり，つまりもとになったことなどで意見はありませんか。

【答え】
C36　わたくしは，みんながいったようにするとけんかのもとになると思います。一番初めの寄り合いは，用水路を作ろうとか，道具 を作ろうとか，そういうことはすぐできないと思います。 だから一番初めの寄り合いはね，やっぱり上の人のやることだとか不平などを話し合っているうちにこういうことをしたらいいんじゃないかということになってきたのではないかと思います。だから，初めからこういうふうなものを作ろうとかいわないで，初めはぐちをこぼしたり，不平などをいい合っていたと思います。
C39　わたしは，願いごと，ぐちがあると思います。それを実行できるように話し合ったと思います

【副々発問】
T19 (板書)　〈農民〉だれの願いが寄り合いになったのか，みんなは農民といった。一口に農民といってもいろいろあるし，どんな不平を持ったのか，先生はみんなに教えてもらいたい。みんなは本を読むのもじょうずだがそんなことが本に書いてあった人。

【答え】
田の境界争い、年貢の負担、水争い、田植えのときの道具、山

図1　問いの構造の分析例　寄り合いの実践をもとに筆者作成

子どもと教師の問いが一体化され，教師が答えを言うことなく，問題が解決されていることがわかります。この後は，資料を追究していく場面になっていきます。

次に，（4）ミクロな眼で問いと授業を分析する，では，有田の「ポストづくり」と「曲がったさとうきび」の発問が分析されています。この分析のおもしろいところは，有田と追試をした石橋の子どもの意見が大きくちがうことです。

「ポストづくり」の授業には，「これで，ポストをつくりたいのだけど，どうかな？」という中心発問があります。

それに対しての反応が，

石橋学級…「いいよ」という肯定的意見。

有田学級…「紙ではだめ」を代表して否定的な意見が続出。

となっています。このちがいの理由としては，石橋学級の子どもたちは「工作のポスト」と認識していたことがあると分析しています。

そこで発問を修正し，「本物のポストをつくりたいのだけれど，どうかな？」と修正しました。

また，藤岡（1989）は有田の発問には，「暗示，ひっかけ，挑発」など言葉以外のものも含まれると分析しています。この雰囲気は何となくわかるのではないでしょうか。このような教師と子どものキャラクターや関係性によるミクロな発問分析も役立つ視点と言えるでしょう。

　次に，「曲がったさとうきび」の授業の発問分析が紹介されています。「沖縄に，まっすぐなさとうきびはありません。どうして曲がっているのでしょう」という発問です。有田学級と岸学級のちがいとして，有田学級ではビニールハウス説がでてきて，これは，東京の子どもが見ている実態から出たものとされています。岸学級では収穫・消毒に便利なように説が出てきており，これより前にこのような作物を扱っていると推測されます。このように分析することで，子どものもっている情報量や情報の質を把握することができます。

3 本書から得た学び

【授業を見る視点】

　私は「問い」と「子どもの姿」を中心に見ることの大切さを学びました。社会科では，「どのように」「なぜ」「どうして」「どうすれば」など問いの形式でめあてにあたる部分が示されることが多いです。他教科では「説明しよう」「考えよう」「調べよう」というスローガン型のめあてが提示されることをよく見かけます。また，「問い」の形で示されていても，それが必ずしもよい問いであるかはよく考えなければならないでしょう。

　また，何となくうまくつくられているような「問い」でも，教師の意図が入りすぎているものについても，分析していく必要があります。

　この書籍の中でも，問題（問い）の成立の条件として，

　　（ア）生活経験との結合
　　（イ）常識からの逸脱
　　（ウ）矛盾の認識
　　（エ）価値対立状況への直面
　　（オ）達成意欲の喚起　　　　　　　　　　　　　　　　　　　*(pp.73 - 75)*

が挙げられています。今までの私の実践を位置づけてみると

問題（問い）の成立の条件	問題(問い)
（ア）生活経験との結合	倉敷天領夏祭り（素隠居）はどのようなものなのだろう。
（イ）常識からの逸脱	なぜ、飲料会社なのに、森林を守ろうとしているのだろう。
（ウ）矛盾の認識	西粟倉村でウナギの養殖をしているのはなぜだろう。
（エ）価値対立状況への直面	沖縄県と北海道、生活するならどっちがいい？
（オ）達成意欲の喚起	岡山県の特徴がよく分かるリーフレットをつくろう

問いの種類（筆者作成）

このようになります。問いを立てているときには，意識していなかったのですが，このような条件を知っておくと，問いを構成する際にも役立つことでしょう。

また，これらの視点をもっておくと，授業を見た際の「問い」がどの成立条件にあたるのかわかるようになります。ただ「見る」だけでなく，細かな視点をもって分析したり，その授業の前の時間などを想起しながら授業を分析したりすることで新たな気づきが得られるでしょう。

また，この書籍を読んでから，授業を見る際に，とにかくメモを取ることにしました。そうすると，学級の雰囲気や先生の人間性，子どもの主体性など様々なことが関連づけられて授業が成立していることもわかります。何事も一面的にとらえるのではなく，様々な面からとらえていけるようにしたいと思います。

（近江祐一）

〈参考文献〉
岩田一彦・米田豊編著（2008）『「言語力」をつける社会科授業モデル小学校編』明治図書出版

岩田一彦編著（2009）『小学校社会科　学習課題の提案と授業設計―習得・活用・探究型授業の展開』明治図書出版

岩田一彦（2001）『社会科固有の授業理論・30の提言―総合的学習との関係を明確にする視点（社会科教育全書42)』明治図書出版

佐伯胖・大村彰道・藤岡信勝・汐見稔幸（1989）「すぐれた授業とはなにか―授業の認知科学（UP選書)」東京大学出版会

差異を生かし，深い学びへ誘う
—差異に着目し，研究する力を育む—

吉川幸男　山口社会科実践研究会（2002）『「差異の思考」で変わる社会科の授業』
明治図書出版

1 本書について

■「差異」の思い出

　個人的には，この「差異」という言葉に必要以上に反応してしまいます。というのもこの「差異」という言葉を意識したのは『差異と反復』（Gilles Deleuze 著 財津理訳，2010）という哲学書と出会ってからです。主にフランスで展開された「ポスト構造主義」の哲学者と言われるジル・ドゥルーズの名著で，哲学をかじりはじめたそのころの私は「これを読めばすごいと言われるのではないか」という大変浅はかな考えで『差異と反復』を手に取りました。

　しかし，この書籍というか哲学書ですが，本当に何もわかりませんでした。というか 1 ページも意味がわからないのです。日本語（もちろん日本語訳ですが）なのに意味がわからず打ちのめされました。

　そんな経験があったため，この『差異の思考で変わる社会科の授業』という題名を見たときに，その苦い思い出が甦り，「あんな難しいものが社会科の授業にどう役に立つのか」というマイナスの印象で書籍を開きました。しかしその印象は杞憂に終わり，マイナスどころか思いっきりプラスへ変化しました。社会科をやる人間としては，大変納得する内容でした。「おわりに」には以下のように述べています。

　　「差異の思考」という表題を見て「これは構造主義の社会の見方を社会科授業に取り入れようとした試みではないか」と思われるかもしれません。当初から構造主義の社会の見方で社会科授業をつくるなどという考えは毛頭ないし，仮にそのような理論先行型の社会科授業を試みたとしても，なぜそれが小学校社会科に適切なのかを実践の事実の中で説明できなければ

> *何の意味ももち得ません。* *(p.221)*

私のような勘違いをする読者を想定されていたのかもしれません。

■斬新なアプローチの研究者

　著者の吉川幸男は，広島大学大学院博士課程終了後，1984年に広島大学附属福山中・高等学校教諭となります。その後，1989年に山口大学教育学部講師から現在の山口大学教育学部大学院担当教授に至るまで，山口大学一筋の研究者です。

　吉川の論文や著書には，よくマトリクス図や構成図などが活用され，実践をわかりやすく分類したり，一般化したりする内容が見られます。そのため，自分の実践がどのような意味をもつのかをうまく表してもらっているという感覚に何度もなったことがあります。主観的な見解ですが，複雑なものをわかりやすく伝えることに苦心されている印象を感じます。ただそのアプローチが斬新で知的好奇心が刺激されます。

　ほんの一例ですが，朝倉隆太郎編著（1991）『社会科の授業理論と実際　社会科指導法Ⅱ〜現代社会科教育実践講座5〜』という書籍の中で，社会科授業の「わかり方」を「理性的なわかり方」「行動的なわかり方」「相対的なわかり方」「共感的なわかり方」と分類されており，どのわかり方をめざすかによって，授業理論が変わるという興味深い論が紹介されていました。さらに5つ目の「わかり方」があると述べていますが，その5つ目が「わかり方のラプソディ（狂騒曲）」です。わかり方を作曲に例えているのです。一単元を通じて大きな内容が一つ「わかる」のではなく，一時間，一題材ごとに瞬時に移ろいゆく「わかり方」の断片を散りばめ，全体として興味ある楽しい時間をつくっていくことを意味しており，読みながら度肝をぬかれました。このような経緯もあってか吉川の書籍を読むのが楽しみでした。

2 本書の価値

■差異の思考とは？

　日常生活において「差異」という言葉を使うことは少ないのではないでし

ょうか。少なくとも私は使ったことはありません。辞書（松村明監修『大辞林』1995）によれば，「差異」は，「他のものと異なる点。ものとものののちがい」という意味ですから，簡単に言えば，「ちがい」のことを意味します。つまり辞書的な意味合いで言えば「ちがいを考える」ことです。この「ちがいを考える」ことは社会科学習に限らず，学習では頻繁に行っています。では「ちがい」はどうやって「ちがい」と認識するかと言えば，事物・事象を「類比・対比」しているからだと言えます。「比較」の思考です。

　本書のタイトルである「差異の思考」とは，吉川は以下のように定義づけています。

> 　取り上げられる社会事象に対し，さまざまな類例対比を通して相対的に見る思考　　　　　　　　　　　　　　　　　　　　　　　　　　（p.11）

　社会事象を一つ取り上げ学習していくことは間違いではないですが，そこからすぐに社会参画に移っていくことは，「社会に適応する」だけの学習になってしまう恐れがあります。社会科は「社会の事物・事象を研究する」という専門性を背景にしているため，「研究する力」が必要となります。そのために以下のような主張がされています。

> 　社会科の学習対象として取り上げられる事象と，それと対比される類例との差異の事象間の差異をもとに展開される学習過程こそ，社会事象を研究的に考え続け，豊かな学習成果へと発展する社会科学習の根幹的な構成要素であると考えられる　　　　　　　　　　　　　　　　　　　　　（p.12）

　つまり，「差異の思考」によって「社会事象を考える」という総合とはちがう社会科の固有性が可能となります。それゆえに「社会科の学習になる」ということです。カリキュラム・マネジメント全盛時代の今だからこそ，社会科の教科性を考えるヒントになります。

■複文型の問いの有効性
　「差異の思考」をもとにすれば，事物に対する問いの形態が「複文型の問

い」に変わります。

単文型の問い：「なぜＡは〜なのか」「Ａはどのようであるか」
　　　　　　　↓
複文型の問い「なぜＢは・・・なのにＡは〜なのか」
　　　　　　「Ｂは〜であるのに対し，Ａはどのようであるか」

なぜなら差異に焦点を当てようとすると類比事項が必要になるからです。この「複文型の問い」は，教師は経験的に実践に生かしやすく，子どもも探究しやすくなると考えます。また，複文型の問いは，社会事象の探究視点として以下の3つの点で優れていると述べられています。

---

① 自然発生的である
② 何を問題にしようとするのか焦点が明確である
③ 問う者の直接・間接の経験（事前情報）が表出する

---

①についてですが，事物・事象の差異を認識すると，問いは生まれやすくなります。というよりも，「差異があるからこそ問いが生まれる」とも言えると思います。社会科授業において，社会に存在する事物・事象の差異を提示し，認知的不協和から問いを生み出すことは頻繁にやっているのではないでしょうか。

②についてですが，差異から生まれる自然発生的な問いは「なぜ？」となることが多いでしょう。だからこそ「Ａは〜なのに，Ｂは〜なのはなぜだろう」とＡがあることによってＢの「なぜ」が焦点化され，考えやすくなります。つまり「なぜ」には前後の文脈があるからこそ，「なぜ」の内容は焦点化されることになります。

③についてですが，自分の生活経験や既知事項とのズレから「なぜ」という問いが生まれることを意味しています。差異から生まれていることも多いのではないでしょうか。

そのことを吉川は，

> 社会事象への問いは多くの場合，社会の動きに関して自らの経験や見聞によって蓄積した事柄の対比から，複文型の問いとして発せられる。このため，複文型の問いのほうが学習経験として連続性のある問いなのである (p.14)

と述べています。つまり，子どもの思考を促し，追究を持続させることになります。

■旅行者の学習へ

「差異の思考」を基にすると，社会事象に対する学習者の位置づけが変わります。一般的なのは，子どもと社会事象の対面的な学習場面設定です。つまり，子どもが当事者の立場になって思考する「当事者の学習」です。しかし，「差異の思考」の学習では，以下のように述べています。

> 複数の社会事象を対比するため，直面する事象から少し距離をおき，外からの目で，より広い目，長い目で「多角的・多面的」に眺めてゆくことが必要になる。ここにおける学習者の位置づけは，社会の問題に主体的にかかわっていく「当事者」というよりも，むしろさまざまな社会の事象を対比的に眺め，相互の関係を読み，それぞれの解釈を自ら構築していくような「旅行者」の立場といえる。 (p.18)

大変面白いとらえだと思います。社会科学習において，「当事者性」「自分ごと」「切実性」が重要とされている中での稀有な提案だと言えるでしょう。

■差異の追究とは何か？

差異の追究には

① 場所的差異　②時期的差異　③ 人的差異　④ 事物的差異

の４つがあると提案されています。吉川の整理している差異を次の表に整理します。

場所的差異	時期的差異	人的差異	事物的差異
① 点的差異	①「いま」を含む2時点間の差異	① 同空間で対面する人の差異	① 不特定事物間の差異
② 面的差異	②「いま」を除く2時点間の差異	② 同空間でそれぞれ活動する人の差異	② 半特定事物間の差異
③ 背景的差異	③「いま」を含む3時点間の差異	③ 異空間の人の差異	③ 特定事物間の差異
		④ 異空間の人たちの差異	④ 特定事物と不特定事物との差異

表1　差異の類型（吉川の論を基に筆者作成）

　このように整理することで，指導者が意識して授業を構成することが可能になります。

　さらに，場所的差異と時期的差異を同時に行うなど，差異を組み合わせて授業を構成することも可能だと考えますし，意識せずとも単元の中でそうなっていることも多々あると考えます。

3 本書から得た学び

■指導者目線として

　「差異の思考」を生かすことは，社会科の授業で多様なレベルで実践可能です。1時間の中で，小単元の中で，小単元どうし，かなりレベルが高いでしょうが，場合によっては大単元どうしの差異を活用することもできるかもしれません（例えば，6年生の政治の学習と歴史の学習，国際関係の学習の差異から6年生の社会科学習の意味を考える等…時期的差異や事物的差異）。

　また，3年生から6年生までどの学年でも選択単元がありますが，特に5年生は以下のように差異を生み出す学習内容は充実しています。

☆さまざまな土地のくらし（場所的差異が中心）

　　あたたかい土地⇔寒い土地，高い土地⇔低い土地

☆わたしたちの食生活を支える食料生産（事物的差異が中心）

　　水産物⇔野菜⇔果物⇔畜産物

☆工業生産とわたしたちのくらし（事物的差異が中心）

自動車工業⇔食料品工業⇔製鉄業⇔石油工業
☆情報を生かして発展する産業（事物的差異が中心）
販売⇔運輸⇔観光⇔医療⇔福祉

　選択単元なので，一つを選択して学習すればよいわけですが（時数の問題
はあるでしょうが），あえて二つ学習をして差異に焦点を当て，より「深い
学び」「豊かな学び」へ導くことが可能でしょう。

　さらに3年生「市の移り変わり」の単元は，単元そのものが時期的差異を
基本として学習進めることになります。時期的差異の中でも①「いま」を含
む2時点間の差異，③「いま」を含む3時点間の差異が学習の中心となりま
す。

　いずれにせよ，指導者が意識して構成をし，吉川の提案する「相対的な見
方」「豊かな学習成果」への導くねらいが必要となるでしょう。

■ 学習者目線として

　上記の【指導者目線として】でも述べていますが，「差異の思考」は多く
の単元で活用できます。それを逆手にとって子どもに「差異の思考」を渡し
てしまう方法も考えられます。

　まずは社会科の授業において「差異の思考」を活用し，事物・事象を類例
対比する単元を経験し，深い学びと豊かな学びへつながることを明示します。
その後，別の単元において，「もっと豊かな学びのために差異の思考を使う
とするとどんな事例が必要でしょうか」と問い，子どもから差異の事例を導
き出すことが可能だと考えられます。単元の最終段階においても，「差異の
思考を生かして，他の事象を追究しよう」という発展的な学習も可能になる
でしょう。

　子どもに「差異の思考」が身につけば，一つの事例を学習していても「他
はどうなんだろう」という思考が自然と生まれるのではないでしょうか？
場所的差異，人的差異，時期的差異，事物的差異は，平成29年度版の学習指
導用要領における「社会的な見方・考え方」とも対応していると考えること
ができるでしょう。

（石元周作）

〈引用・参考文献〉

Gilles　Deleuze 著　財津理訳（2010）『差異と反復』河出書房新社

宗實直樹（2021）『宗實直樹の社会科授業デザイン』東洋館出版

文部科学省（2018）『小学校学習指導要領（平成29年告示）解説　社会編』日本文教出版

朝倉隆太郎編集代表（1991）『社会科の授業理論と実際―社会科指導法Ⅱ
～現代社会科教育実践講座 5 ～』現代社会科教育実践講座刊行会

松村明編（1995）『大辞林　第二版』三省堂

「カルテ」で〈この子〉の学びを線で紡ぐ

上田薫・水戸貴志代・森長代（1974）
『カルテを生かす社会科　教師の人間理解の深化』国土社

1 本書について

【本書について】

　監修者の上田薫は1920年生まれです。1946年9月に文部省に入省し，1947年版，1951年版学習指導要領の作成に従事し，社会科の基礎を築くのに力を注ぎました。その後，名古屋大学，東京教育大学，立教大学などで研究と実践を行った後，都留文科大学で学長を務めました。小学校や中学校の教育現場と連携しながら，常に具体的な教育の論理を追求し，教育実践の中に根ざす論理を求め続けました。1958年版学習指導要領で系統主義の社会科が導入され，道徳が独立するに伴い，「社会科の初志をつらぬく会」を設立し，初期の社会科を守るために尽力しました。その後，同会の名誉会長に就任しました。

　著者の水戸貴志代は，西日本で当時有名な研究校である呉市長迫小学校の最盛期に中心的な人物として学校を支えました。上田は彼女について「研究と実践の両面で力強い創造性が感じられる」と述べています。カルテの実践の進化と発展に尽力した人物と言えます。

　もう一人の著者である森長代は，カルテが生み出された静岡市安東小学校の形成期に中核的な存在でした。上田は彼女について「非常に謙虚で温和な人柄の中に，鋭い洞察力が備わっている」と説明しています。彼女はカルテの創始段階から誠実に実践を続けた一人と言えるでしょう。

　上田は序文で次のように述べます。

　そもそも子どもひとりひとりについてつくられるカルテは，性急に授業のなかに生きるものではない。しかし知らず知らずのうちに，そして気づいたときにはびっくりするほどに，きわめて本格的な教育効果をもたらす

ものである。この本では，そういう地道でデリケートで，そしてじつに根本的な"カルテの生きるプロセス"をすぐれた女教師たちの実践を通じて探究してみようと試みた。

(pp.2-3)

『カルテを生かす社会科』はカルテのもつ意味，カルテを社会科授業にどのように生かしているのかを具体的実践を通して明らかにしようとした一冊です。研究者の視点と実践者の体験を通して問題提起され，現場の教師に役立てようと編まれたものです。

ちなみに本書は「小学校社会科の授業（全10巻）」シリーズの第10巻目であり，シリーズは次のようになっています（すべて上田薫監修）。

①『市や町のしごと：ゴミの学習』霜田一敏・有田和正（1973）

②『日本の工業：工場から工業へ』山田勉・井上晃治（1974）

③『公害の学習：ヘドロとたたかう町と人々』三上仙造・外山明（1974）

④『交通の変遷：交通のむかしと今』渥美利夫（1974）

⑤『低学年社会科』竹中輝夫（1974）

⑥『郷土の暮しの移りゆき：子どもの願いと地域の開発』田島薫・青木利美（1974）

⑦『政治の学習：政治を身近かなものとして』山田勉・峰勉（1974）

⑧『明治維新：歴史を追究する子ども』河野太郎（1974）

⑨『人びとの暮しと地域社会：子どもとともに生きる教師』斎藤国雄・桜井昭（1974）

⑩『カルテを生かす社会科：教師の人間理解の深化』上田薫・水戸貴志代・森長代（1974）

どの書も味わい深く，読み応えがあります。

2 本書の価値

徹底的に一人ひとりの子どもを見て，その子の育ちの本質を記録したものが「カルテ」ととらえることができます。

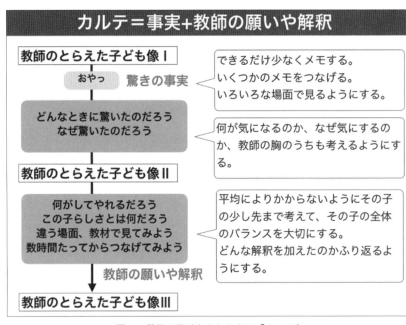

図1　動的に子どもをとらえる「カルテ」
星野恵美子（1997）『「カルテ」で子どものよさを生かす』明治図書出版を基に筆者作成

　そのカルテへの願いやカルテをとることの意味を探ることで，教育の本質が見えてくるのではないかと考えます。

　以下，カルテについて見ていきます。

■「カルテ」とは

　カルテは，上田薫と静岡市立安東小学校の協働のもと，1967年に生み出されました。簡単に言えばカルテとは，「教師自身の子どもに関する驚きをメモする」というもので，「カルテ＝事実＋教師の願いや解釈」という意味をもちます。図1のように，何度も子どもをとらえ直していくということです。

■「カルテ」で「観」のとらえ直しをする

　ただ，「カルテ」は単なる技術や方法論的なものではありません。上田は次のように述べます。

> 　カルテは子どもをとらえるためのたんなる技術的なものではない。それ
> は教育観また人間観に深くかかわるものである。すなわち，人間を動的に
> 立体的にとらえることから必然的に生まれるものである。　　　　（p.17）

　「動的にとらえる」とは，子どもの思考や行動を一時的で静的なものとし
てとらえるのではなく，常に揺れ動き変革されていくものとして見ていくこ
とだと解釈できます。「立体的にとらえる」とは，一面的に子どもを見るの
ではなく，子どもの様々な事実を積み上げ，その事実をもとに多面的に見る
ことだと解釈できます。
　その見方は，教師の教育観や人間観，子ども観がより深く反映されるもの
としてとらえることができます。

　また，大村龍太郎（2021）は次のように述べます。

> 　カルテをつけ，それと向き合うことは，あくまでもその子を理解しよう
> とする営みであり，決めつけを排除し，時間的空間的に連続した把握をす
> ることであり，継続的かつ多面的にとらえようと，教師が自身の見方・考
> え方，子ども観，人間観を問い直し続けることそのものなのではないだろ
> うか。　　　　　　　　　　　　　　　　　　　　　　　　　　　（p.17）

　方法論ではなく，「観」をとらえ直すための本質論として考えることの重
要性を指摘しています。
　カルテをとり続けることは簡単なことではありません。しかし，その子を
連続的に，多面的に探ろうとする「カルテ的な見方」を常にもち続けること
の重要性に気づかせてくれます。
　本書の執筆者である水戸貴志代の実践は，学年や教科の枠をこえて持続的
に，総合的に子どもを探ろうとしています。実践を通して育つ子どもの姿が
克明に記録されています。この実践については後述します。

■ 「カルテ」の問題点
　上記のようなカルテの意味や必要性が本書の冒頭に記されている反面，上

田は次のような問題点についても指摘します。

> カルテの意義を説いても，教師達は容易にカルテによる実践に組みしようとしない。 *(p.18)*

その理由として次の2点を挙げます。

> ①子どもひとりひとりを深く知ろうとする意欲が教師に欠けていること
> ②カルテが指導の上に直接どう役立つかがはっきりしないこと

特に②の方は，具体的な方策が見えなければ難しく感じます。何となく記録をとってはいるが，それが現実的にどのように役立ち，どのように生かすことができるのかという，現場からの困惑の声だと考えられます。

『カルテを生かす社会科』では社会科授業記録が克明に記されています。その記録を追うことで，②のカルテの生かし方が読み取れるようになっています。事実が記されているからこそ，感じられるものが多くあります。

■ 「カルテ」は教師の成長にもつながる

『カルテを生かす社会科』の執筆者である森長代は次のように述べます。

> 授業の中にカルテを生かすことは，カルテの見なおしでもあり，子どもをより深くつかもうとするひとつの手段でもある。 *(p.46)*

カルテは子ども理解のための一つの方法です。カルテがあるからこそ，その子のことがよく見えるようになります。それと共に，カルテをつけることを通して，教師自身の成長がうかがえます。子どもを理解しようとすることは，他でもない，教師自身の人間的成長につながります。

社会科授業のみならず，カルテと子ども理解，教師の人間としての成長過程としても述べられた『カルテを生かす社会科』を手にする価値は大きいです。

3 本書から得た学び

■ひとりを追うことで全体の関係性も見えるようになる

安東小は「カルテ」のとり方として，図2のように整理しています。

カルテを使った実践の理念や方法はわかります。やればいいこともわかります。しかし，「ここまでなかなかできないな…」というのが実際の声ではないでしょうか。前述した上田の指摘する問題点に加えられる点であり，当時カルテの実践が大きく広がりを見せなかった理由の一つだと考えられます。

そこで現実的にやりやすい方法を提案します。それは逆説的な言い方になりますが，「全員を詳細にとらえようとしない」ということです。

上田は次のように述べます。

> ほんとうのところ，そういう精細な研究は数人の子どもについてだけでよい。その他の子どもはその数人と比較したりかかわらせたりしてわかってくるし，まずなによりも教師自身の眼がゆたかになって，他の子を深く追えるようになるのである。
>
> (p.13)

さらに上田（1988）は次のように述べます。

> その子は他の子とのかかわり，比較の上でこそ見ることができるのである。ということは，ひとりに着目することは，その子との関係において他をもみることなのである
>
> (p.174)

長岡文雄（1983）は次のように述べます。

> 〈この子〉を内奥に迫ってとらえていくとき，芋蔓のように，他児も関連して姿を現わし，〈この子〉として，その個性的な人間のひだを見せてくれる。
>
> (p.5)

まずは一人の子，長岡の言う〈この子〉を追うことで教師の子どもを見る

イ　カルテは教師が自分の予想とくいちがったものを発見したとき、すなわち「おやっ」と思ったとき、それを簡潔にしるすべきである。したがって一時間にひとつでもよい。それでも一日に数個は書ける。一週間やればひとりの子にひとつずつくらいにはなる。それを二か月つづければ、ひとりにつき最低四つ五つはメモできるであろう。あまりデータが多すぎては、かえって成功しにくいとも言えるのである。

ロ　時間中にちょっと書きとめることが肝要である。授業直後に補足してもよいが、それにたよるようだと長つづきしにくい。子どもたち相互のディスカッションを活用すれば、メモする余裕にはこと欠かぬかずである。

ハ　それぞれの子どものデータを、二か月に一度くらい、つなぎ合わせて統一のための解釈を行う。けれどもその時結論をあせらず、むしろ味わうことがたいせつ。しだいに眼が肥えてきて、やがてレベルの高いメモが作れるようになる。

ニ　つなぎ合わせが生きるためには、つなぎ合わせにくいデータであることが必要である。いわば違った眼でとらえられたものであることが、互いに矛盾し合うものであることがだいじである。だから同一教科のものだけではおもしろくない。データのあいだの距離が、長い眼で見つづけていると、いつのまにかしぜんにうまっていくところに妙味がある。

ホ　だからカルテに決まった形式はない。形は個人個人が使いやすいように考えるべきだし、だんだん変化発展もするだろう。カルテは教師がイマジネーションをぞんぶんに発揮してたのしむ場なのである。したがって、時々出してみては解釈と感想と期待とを書きつけることが望ましい。

『ひとりひとりを生かす授業―カルテと座席表―』上田薫/静岡市立安東小学校（1970）明治図書p15-16より

図2　安東小のカルテのとり方

眼も豊かになり、他の子どもも関わりの中から見られるようになるということです。

　今一度、徹底的に一人の『個』〈この子〉を見ることで、授業における子どもの思考の流れや一人ひとりの子どもの認識の変化、関係性の理解を客観的に把握していく必要があります。

■「カルテ」をもとに軌道修正を行う

　教師の役割についても考えさせられます。森は次のように述べます。

　このようなそれていく授業に対しては、えてして教えこんでしまったり、ヒントを与えて自分のひいた路線へひきもどそうとしたりしがちである。ちょっと横へ曲ってあの子の考えを聞いてみたらと、新しい場面をつくるための足ぶみができる思いきりのよさはなかなかできない。だが、教師の中につかまれている子どもがある時、教えこむことにも、無理にひっぱ

るにもストップがかかる。カルテの中の，何か息づくことがあろうと
思われる子どもの断面がそれをさせないのである。   (p.44)

授業や学習を目指すべき方向へ「軌道修正する」ことは教師の重要な役割
の一つです。しかし，無理矢理軌道修正するのではなく，カルテをつけるこ
とで〈この子〉自身が自ら軌道修正をしていけることが確信できます。子ど
もの思いや願いを大切にし，子どもの側から授業を組み立てるということは
このようなことだと考えられます。

■ 〈この子〉を授業の中で生かす
本書の水戸の実践の中で，次のようなカルテメモが記されています。

Uくんのカルテからのメモ

4/8　前担任からの引継ぎの中で，「不当な扱いを受けても言い返さな
　　　い弱さをなおしたかった」と聞く。

4/9　朝，風雨が強くて傘がバラバラ。わたしの置き傘を貸そうと言う
　　　と，「先生にすまんから」と，どうしても手に取らない。

4/11　発言しようと立ったが，ことばにならず，またすわる。（国）

4/16　毎日，そうじをさぼると，グループの者から非難された。なる
　　　ほど，両手をポケットに入れたまま，何となくあちらこちらと
　　　歩くだけ。

4/27　家庭訪問。家の主権をにぎる祖母があり，母の発言力は小さい。
　　　近所の老人にはよくあいさつをするが，家の中では反抗的で，
　　　身辺整理ができないとのこと。
　　　※祖母が，家の跡とり孫として，手をかけすぎるためか。

5/17　社会，感想ノート「日本は土地がせまいのに，なぜ米が少ない
　　　のか。なぜ，山の方に米を作らないのか」
　　　※意味が通じない。身辺を見ていない。

6/15　米は高く売れる。そのわけは，国が買ってくれるので，へんな
　　　米でも，いいねだんで売れる。
　　　※なぜなのか？根拠は？

　　　　野菜は高く売れない時があっても，国は買ってくれない。
　　　※農民の目で考えはじめた。
6/22　はじめて作文，三枚。農業のこと。
7/10　夏休みの課題，「田の草とり」を。

　これを元にUくんの見取りがはじまり，Uくんをどこで生かそうかと水戸は考えます。

　　　学級内では，もっとも弱い立ち場の中にはいるUくんを，何とか農業で生かしたいと思った。　　　　　　　　　　　　　　　　　　　　　　（p.163）

　Uくんという固有名詞である〈この子〉をこの授業で生かしたいという思いや願いをもつことができるのがカルテです。その思いがあるからこそ〈この子〉の人間的理解が深まり，この子自身の大きな変化を引き出します。

　　　「社会科で育てる」ということは，学力・行動力を含む知識や能力を育てることだけではなく，ひとりの子どもの，全人格を変えるほどの生き方（生活）をさせることであろう。　　　　　　　　　　　　　　　　　（p.175）

　このような考えに至ったのは，無論カルテを残しているからで，その子の事実の記録がなければちがっていたでしょう。

■ 「カルテ」をつける授業
　カルテをつけることは，その子の思考と学び方の理解にもつながります。次の写真は，私が実践した6年生の歴史授業の場面です。
　図3のように「聖徳太子の方針で一番大切なもの」を選択する授業を行いました（板書は子どもたちがしています）。

　Aさんはすかさず③を選んでいました。自分の国の文化を何よりも大切にしているAさんの思考の筋が見えました。その後，話し合いをするのですが，Aさんの考えは揺れずに頑固として③のままでした。

図3 「聖徳太子の方針で一番大切なもの」を選択

図4 子どもがネームプレートで自分の立場を決める

また，この後の別の小単元で，**図4**のように「大陸から文化を取り入れることの価値」について子どもたちが自分の立場を決めて話し合いました。以前とちがったのは，Aさんが譲歩的に考えられるようになったことです。

そのときに私が書いていたカルテが**図5**でした。

話し合いを通して，Aさん固有の考えやこだわりが柔軟になってきている

```
6限目社会科
大陸から文化を取り入れることの価値について話し合わせた。
ほとんどの子が肯定的であったが，Aさんはやはり低め。
「やっぱり自分の国の文化が大切だ」と主張していた。
ただ，0％にしていないところが彼女の客観性の成長かもしれない。
発言の中でも「大陸文化を取り入れる重要性はわかるけど,,,」と譲歩
的な発言もしていた。
今後，歴史の授業の中で，自国と外国の間での揺れ動きが大いにある。
客観的に科学的に分析し，多角的な視点から見られるようにしていきた
い。
```

図5　Aさんについての「カルテ」

ことがわかります。そのときの教師の想いや願いもわかります。

■ 「カルテ」をもとにした授業

　図2の中で私が特に大切だと思うのは，「ハ」です。折に触れてその子の事実からその子の解釈を入れることが重要です。

　カルテで個を見取り，その子が向かう学びの先を考えます。それと共に，カルテによる個の見取りを活かす視点をもつようにします。カルテは，個を理解するために大切ですが，そのカルテから授業をつくるという発想も必要です。ある程度の事実が集まれば，カルテやその子の日頃の発言，行動，他者との関わりや学び方などを総合し，つなぎ合わせて統一のための解釈を行います。例えば，Bさんは図6のようになります。

　Bさんがいるからこその授業を考えたり，Bさんを授業の中に位置付けたりします。

　例えば，4年生「ごみの処理と活用」の学習です。ごみに関する社会問題は多くあります。Bさんはこれらに敏感に反応するだろうと予測できます。図7は，収集日に出されていないゴミの写真です。これを見せながら，「こういうの，ダメだと思います！」とBさんは訴えました。

　また，集めたゴミの処理の仕方を学び，燃えないゴミをどうするのかについて考えている際，Bさんが「外国でごみが山積みになっているのを見たことがある」と発言しました。「え，それってその国のゴミじゃなくて？」「日本が送っているってこと？」「それってだめなんじゃない？」というように，Bさんの発言からどんどん問題意識が広がっていきます。子どもたちの調べる時間を設けました。ゴミに関わる問題がたくさん出てきました。「先生，これ，もっと調べたいです」「まとめてプレゼンしたい」という子も出てきました。「これはひどいな…」「でも，仕方ないことじゃないの？」「SDGsの問題につながる」と問題意識をどんどん膨らませています。

　ここでの私の授業案としては，燃えないごみであるびんや缶などの処理の方法を理解する1時間にしようと考えていました。しかし，Bさんの発言からどんどん問題意識が広がっていく状況を「おも

図6　Bさんの見取り

図7　収集日に出していないごみ

図8　燃えないごみの処理法の板書

しろいな」と感じました。ですので，そちらの方向に舵を切りました。少し広大になるかもしれませんが，子どもの問題意識を広げ，SDGsに関わる問題や持続可能について考える時間にしていこうとしました。大単元「健康なくらしを守る仕事」を，SDGsの視点で再構成していこうと考えました。

　子ども研究をもとにしてつくる問いのパターンが2つあると感じています。
①1つ目は，子どもが調べてきたことをもとにするパターンです。例えば，図7のように調べてきたBさんの事実を取り上げ，「なぜごみを分別しなければいけないのか？」という問いをつくるような場面です。

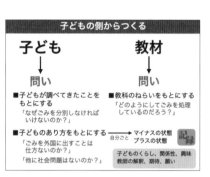

図9 「健康なくらしを守る仕事」単元マップ　　図10　子どもの側からつくる問い

②2つ目は，子どものあり方をもとにするパターンです。子どもの実態を踏まえ，「この子」の存在から出てくる問いです。例えば図6のBさんの見取りから，Bさんが社会的問題に敏感に反応する傾向が高い子だと教師がとらえていれば，何かに刺激されたり触発されたりした際に，Bさんから出てくる問いが予想できるということです。日本がごみを海外に輸出しているという事実を調べた際に「ごみを外国に出すことは仕方ないのか？」といった問いが生まれます。Bさんの問題意識の発展をはじめ，他の子たちにとっての問題意識の発展が臨まれます。

　このように，子ども研究をもとにして子どもの側から問いをつくるには，カルテが必須となります。その子のくらし，興味関心，人やものとの関係性によって大きく変化するものでもあり，そこを見取る必要があります。教師の解釈を加えてその子の現時点のあり方をさぐる必要があります。そのとき，子どもによっては一方的なものの見方やとらえ方しかできないという一見マイナスの状態や，特に豊かなものの見方やとらえ方が十分にできるというプラスの状態も見られます。その事実をもとにさらに教師の解釈が入り，期待，願いをこめて教材や問いづくりがはじまることがあります。このような考えをもとにして，教師の立ち位置を教材側から子ども側に変えていく必要もあるのではないでしょうか。

　〈この子〉から考える学習を組むときに，やはりカルテが力を発揮します。「記憶」よりも「記録」です。「カルテ」という呼び方が適しているかどうかは，正直たいした問題ではなく何でも構いません。大切なことは，〈この子〉

の記録をつけることで，〈この子〉の学びの現時点を探り，〈この子〉の学び
の発展を願おうとすることです。　　　　　　　　　　　　　　　　（宗實直樹）

〈引用・参考文献〉
大村龍太郎（2021）「カルテをとり，向き合うことで問い続ける子ども観，人間観―個を見つめることは自身を見つめること」
社会科の初志をつらぬく会（2021）『考える子ども』第404号，p.16-20
上田薫/静岡市立安東小学校（1970）『ひとりひとりを生かす授業―カルテと座席表』明治図書出版
上田薫（1988）『学力と授業』黎明書房
長岡文雄（1983）『〈この子〉の拓く学習法』黎明書房
上田薫（1973）『ずれによる創造―人間のための教育』黎明書房
上田薫（1973）『層雲―教育についてのエッセイ』黎明書房
池田満（1974）『個の生きている教室―カルテによる実践』明治図書出版
上田薫（1974）『社会科わかる教え方―総論編　社会科をどう教えるか』国土社
上田薫編（1974）『日本の社会科をどうするか第二巻―実践的探究』明治図書出版
戸崎延子ほか（1976）『カルテの生きる授業―国語を中心に』黎明書房
上田薫・静岡市立安東小学校（1977）『どの子も生きよ―カルテと座席表から「全体のけしき」まで』黎明書房
帝塚山学園授業研究所（1978）『授業分析の理論』明治図書出版
社会科の初志をつらぬく会（1979）『社会科の初志をつらぬく会の授業記録選 第3集』明治図書出版
上田薫・静岡市立安東小学校（1982）『個の育つ学校』明治図書出版
上田薫（1983）『「カルテ」による授業の新生（小学5年）』明治図書出版
社会科の初志をつらぬく会（1983）『社会科に魅力と迫力を―楽しい学習への手引き』明治図書出版
社会科の初志をつらぬく会（1984）『社会科の初志をつらぬく会の授業記録選 第5集』明治図書出版
社会科の初志をつらぬく会（1987）『問題解決学習の社会科授業―初志の会30年の理論と実践』明治図書出版
上田薫・静岡市立安東小学校（1988）『子どもも人間であることを保証せよ―個に迫る座席表授業案』明治図書出版
社会科の初志をつらぬく会（1988）『個を育てる社会科指導』黎明書房
武藤文夫（1989）『安東小学校の実践に学ぶ―カルテと座席表の22年』黎明書房
築地久子（1991）『生きる力をつける授業―カルテは教師の授業を変える』黎明書房
星野恵美子（1995）『カルテ・座席表で子どもが見えてくる』明治図書出版
星野恵美子（1997）『「カルテ」で子どものよさを生かす』明治図書出版

人間理解と自己変革
—長岡文雄の3つの実践より—

長岡文雄（1975）『子どもをとらえる構え』黎明書房

1 本書について

■ 「長岡文雄」という人

　社会科実践を考える上で最も有名な人物と言えば有田和正ではないでしょうか。多くの方が絶賛する有田実践に興味をもち，私も有田関係の書籍を買い漁っていた時期がありました。その有田が絶賛していたのが長岡文雄の授業でした。有田（2013）が「本物の『授業』との出会い」と評し，

> 　5分も経たないうちに，脳天をぶんなぐられたような強いショックを受けた。そして，感動した。物心ついて以来，これほど感動したことはなかった。私は全身全霊をあげてこの授業に参加した。吸収しようなんて考える余裕はなかった。
> (p.5)

と言わしめたのが，長岡文雄の「ポスト」の授業^{註1}でした。この文を読んだときから私は，長岡文雄という人物を追究したいと考えました。

　長岡文雄は大正6年，福岡県に生まれ，昭和12年小倉師範学校卒業，福岡県公立小学校訓導となり，昭和14年小倉師範附属小学校訓導となります。昭和18年奈良女子高等師範（現在奈良女子大）訓導，奈良女子師範学校附属小学校教諭・副校長となり，その後兵庫教育大学附属小学校副校長，兵庫教育大学教授，佛教大学教授を歴任します。主な単著は，『考えあう授業』（1972），『子どもをとらえる構え』（1975），『子どもの力を育てる筋道』（1977），『合科教育の開拓』（1978），『若い社会科の先生に』（1983），『〈この子〉の拓く学習法』（1983年），『授業をみがく』（1990）です。

　それぞれの書籍はどれも絶版で簡単に手に入るものではありませんでした。はじめて手にした長岡の書籍は『授業をみがく』でした。2019年12月25日

「社会科の本を読み込む会」（巻末参照）で読み合ったことを記憶しています。それから長岡の書籍を常に探していました。古書店を覗いてみてもすべてが高価な書籍となっています。それでも探し求めて，長岡の単著はすべて揃えることができました。

ここでは，その中の一冊『子どもをとらえる構え』について紹介します。

2 本書の価値

■長岡文雄の子ども理解

長岡文雄は，社会科を中心に，子ども理解に裏打ちされた厚みのある実践を続けてきました。「社会科の初志をつらぬく会」の代表的な実践者であり指導者であった長岡の社会科授業は，社会科という枠だけに収まりません。教育とはどうあるべきか，子どもが育つとはどういうことなのかという大きな枠で考えさせられます。

そのような意味で『子どもをとらえる構え』は今読んでも古さをまったく感じさせず，教師としての在り方を考えさせられる名著です。

例えば，次のような長岡の言葉から，本書で大切にされていることが垣間見られます。

> *教育は，何といっても，ひとりひとりの子どものためにしかない。教育は，ひとりひとりの子どもが，人間としての可能性をぎりぎりまで発現していくようにてつだうことであり，個性的思考の深化を支援して人間としての生き方を創造させることである。*　　　　　　　　　　　　　*(p.11)*

> *教師は，教師である限り，どんなにいそがしくても，子どもひとりひとりを熟知しないではおられない。子どもをさぐらないで教師となることはできないからである。*
>
> *とくに重要なことは，教師がこのようにして，子どもに迫ることが，とりもなおさず教師の人間としての自己変革の過程であるという自覚である。『教師になる』ことは，子どもに驚くことであり，子どもに学ぶことであろう。*　　　　　　　　　　　　　　　　　　　　　　　　　　　　*(p.12)*

「子どもを知らずには，子どもの育てようがない」という姿勢に徹したとき，教師の眼は，教育の眼となるのである。
　そして，とくに自覚したいことは，子どもをとらえるという営みが，そのまま，「教師が人間として子どもに学ぶことだ」ということである。

(p.103)

　子どもをさぐろうとすれば，どうしても教師自身が，子どもに学んで自己変革を遂げなければならなくなるものである。

(p.183)

　教育の根底は人間理解であり，教師と親や子どもとの信頼関係である。教師のやりがいのある楽しい指導は，みんなが自分を裸にして，明るく積極的に行きあうことによって成立する。

(p.184)

　長岡が徹底的に子ども理解に努めていた姿，子どもと共に謙虚に学び続け自己変革を繰り返しながら生きていた姿が容易に想像できます。
　多くの教育ワードに溢れる昨今ですが，一人ひとりの子どもの幸せを願い，どっしり腰を据えて子どもを丁寧に理解していこうとする姿勢を忘れないでおこうと戒められます。

3 本書から得た学び

■子どもをさぐる

　長岡は子ども理解のために，「子どもをさぐる」という表現を使い，

　「真に教える」ということは，「子どもをさぐることのなかにしか成立しない」ということが，身にしみてわかってくるのである。

(p.7)

と述べます。
　子どもたちが自分の心の中を表現しなければ，子どもの具体を探ることはできません。長岡は，子どもの自己表現を促してその具体に迫る方法として，

次の3つを実践しました。

> ① 友だちの話
> ② 毎日帳
> ③ 近ごろ変わったこと

長岡の実践の意図とそこから得た学びを含めて，一つずつ紹介します。

■① 友だちの話

　「友だちの話」は，毎朝，「朝の会」において，数人ずつ輪番で行う発表のことです。このこと自体はよくある朝のスピーチと変わらないように感じます。しかし，長岡は「友だちの話」での学び合いが授業の原型だと考えます。決して形式的に扱わず，子どもたちは長岡の腰の入った姿勢を感じ取り，真剣に学習するということをその場で感じ取りました。

　「友だちの話」で重要視していたことは，話し手より聞き手の質問を豊かにすることでした。このことは，話すことよりも書くことの方が得意な「書き型」の子どもも自由に話ができ，聞き手からの質問に答えながら話ができるので気が楽になると長岡は説明します。話が一言で終わっても，どんどん質問が出されることで話し手も聞き手も多く関わり合うことができます。話し手の発表を契機として「みんなで作り出す悦び」が創出されました。さらに重要なこととして，長岡（1986）は次のように述べます。

> 　「本当に問題をつかむこと，そしてそれに正対するという学習を重ねること」であり，「児童が自然に表現の意欲をもち，話題や表現技法を豊かに身につけ，書くことへの抵抗もなくする」ということである。　(p.128)

　問題をつかめる子は質問ができます。つまり，「問い」をもちながら臨むことができるということです。そして，話し言葉による豊かな表現が書き言葉の表現につながっていくと考えられます。

　朝の短い時間ですが，私も「わたしの話」と題して一人の子どもの話をもとに，子ども同士でやり取りをする時間を設けています。以下は，私が担当

した2年生の子どもたちの内容です。

A「1学期，たくさんの生き物を教室で飼っていて，私は生き物が好きになってきました。なので，最近，動物を飼いたいと思っています。何にしようかと迷っています。色々と調べてみた中で，ハムスターが飼いやすそうなので，そうしようと思っています。お父さんは賛成ですが，お母さんは『どうせ私が世話することになるんでしょ！』と言っています」
（「クスクス」笑い声）

A「ハムスターは色々といるみたいですが，だれかおすすめがあれば教えてください」

B「ジャンガリアンやパールホワイトがあります。ちなみに私はジャンガリアンを2匹飼っていて，とてもかわいいです」

C「Aさんは好きな色とかありますか？」

A「特にないです。でもきれいな色がいいです」

C「たぶんキンクマという種類がきれいだと思います」
（「キンクマ？」ザワザワ）

C「ああ，今から見せます」
※iPadでミラーリングして見せる。
（「あ～，かわいいーー」）

A「とってもかわいいです。気に入りました！Bさんはどうしてジャンガリアンがかわいいと思うのですか？」

B「手の上に乗って，よく私になついてくれるからかわいいです。今日帰ったら，写真をロイロ（ロイロノート）で送ります」

D「ぼくは家で大きな犬を飼っているのですが，Aさんはハムスター以外で飼ってみようと思った生き物はありましたか？」

A「最初は金魚や亀を飼ってみようと思っていましたが，調べていると，やっぱりハムスターがかわいかったのでそうしました。Dさんの犬はかわいいですか？」

D「とってもかわいいです。でも，たまにほえられるのでいやです」
（笑い声）

やり取りの一部ですが，このような感じです。

　実は，この「わたしの話」は，教師の子ども理解にもつながっています。学校は，意外と子どもたちの趣味や家での出来事を話す時間というものがありません。また，学校に持って来られないものが多々あります。そのようなものや家での様子をICT端末に記録し，それを学校で提示することができます。子どもが自分の好きなことを話す時間，自分の興味関心があることについて話す時間をつくることは非常に有意義です。

　「わたしの話」をきっかけにして，教師と子どもとの話題ができたり，学級で考えるべき話題ができたりします。教師や子どもがクラスの友達に関心を寄せられる，豊かな時間となります。

■② 毎日帳

　「毎日帳」はいわゆる日記のことです。しかし，単調な事実の記録ではありません。長岡にとっての「毎日帳」は，子どもの生活する心がにじみ出るものであり，「『わたし』が確立するもの」でした。

　例えば，長岡（1986）はある１年生の女の子の文を紹介し，

> 　*彼女の中に，これだけの強さが秘められていることを知って驚き，彼女をとらえなおすことができた。* (p.127)

と述べています。この，「とらえなおす」ということが重要です。長岡は，本書の中で，「子どものとらえなおし」という章を立てています。以下のように述べています。

> 　*O君をていねいに見なおすことにした。そして，かれが入学以来書き続けてきた「毎日帳」を読み返したのである。* (p.42)

> 　*教師のなかには，「子どもを知っている」という，安易な割り切りが巣くいやすい。子どもや父兄に「先生」と呼ばれるうちに，いつの間にか，教師になりたてのころに味わった「子どもに対するこわさ，わからなさ」*

┃ 「人間に対処する敬虔さ」を忘れていく。　　　　　　　　　(p.10)

　子どもをとらえ直すということは，子ども理解に他なりません。また，子どものとらえ直しを通じて，自分自身の在り方をとらえ直すことができると言えます。
　長岡は，子どもをとらえる条件として次の2点を挙げています。

┌─────────────────────────────────┐
│ ①子どもが表現できるようにすること   │
│ ②教師の眼を磨き続けること   │
└─────────────────────────────────┘

┃ 子どもが何等かの形で自己表現をしなければ，教師は子どもをとらえる
┃ すべがない。　　　　　　　　　　　　　　　　　　　　(p.104)

┃ 教師は毎日子どものなかにいながら，案外子どもを見ていない。(p.104)

と指摘しています。子どもをみる「眼」を磨いていく必要性を説いています。
　さらに長岡（1986）は，

┃ 児童の表現を，できるだけ最後は『書くこと』へ導く。　　(p.127)

と述べます。ゆっくりと考えられることと，書いたものがあとに残ることの有利さを説明しています。それは，教師が子どもを探る手がかりになり，子ども自身の自己発見につながるからです。書くことで客観化された作品は，他者とのコミュニケーションに役立つだけでなく，自分に対する反省と今後の態度決定に大きな手がかりとなることを説明しています。

ぼくのおばあちゃんの家にツバメがいます。ぼくは、いつもツバメを『元気かな～？』と思ってみています。観察するとお母さんがヒナがいる巣に餌を運んでいます。

お母さんが来たら、ヒナが大きく口を開けます。大きく口を開けたら餌がもらえます。小さな口だと餌はもらえないのでヒナはとても大きく口を開けています。その中で一番大きく口を開けているヒナから順番に餌をあげます。と、おばあちゃんが教えてくれました。

「ツバメはどうやって巣を作るのか？」と疑問が生まれました。予想は藁や土、土の塊でできていると思います。Googleでしらべてみました。

ツバメの巣は、民家の軒下などに田んぼから運んできた泥や枯れ草を使って作られています。ツバメなどを練りこむことで強度を高め、少しずつ泥を重ねていくことでオワン状の巣ができるのです。

ぼくの予想は惜しかったです。

おばあちゃんの家のツバメの巣には、ツバメのヒナが五羽で、親鳥を合わせれば七人家族です。七人家族で、豊かでも五羽のヒナの世話は忙しいからたいへんだと思います。いつも可愛いな～と思って見ています。今日見たら、ヒナは三匹しかいませんでした。ヒナはもう親鳥みたいに大きくなって育っていました。二羽のヒナは自分で餌をとりに行っていました。元気に健康に育ってねと願います。

図1 子どもの日記（2年生）

図1は私が担任した2年生の子の日記です。私はこの子の観察力と追究力に驚かされました。そして，生き物に対する愛情が十分に表れ，温かいまなざしがあることに喜びを感じました。最後，この子がどのような表情をしながら燕を見ていたのか，容易に想像できました。

■③ 近ごろ変わったこと

「近ごろ変わったこと」という文題の作文を長岡が思いついたのは，1961年だと述べます。1年生を担任し，「近ごろ変わったことがあるの？」と質問した際，子どもの思いがけない発動に接し，「これはいける」と長岡は感じたようです。それから毎年毎月作文を書かせ続け，蓄積していきました。

長岡（1986）は，

この作文には，児童の具体が顔を出す。とくに，『この子』にとっての，最も新鮮なもの，生きる先端にあるもの，または彼を動かしている土台になっているものや，そのつながりが見えるので，私の学級経営は，急に厚

みを増すことになった。 *(p.125)*

と述べ，この作文の有効性を次のように，8つ挙げます。

① どの児童も書く内容をもつ。
② 児童が，自分自身のための楽しみとして書きやすい。
③ 児童の広い，なまの生活が現れる。
④ 児童の関心の所在や，思考のまとまりが見えやすい。
⑤ 個性的な思考体制が姿を現す。関心の対象，拡がり，方向，まとまり，追究のエネルギーがわかり，心のひだに迫ることができやすい。
⑥ 毎月定期的に書くので，個人的にも学級的にも児童の成長がわかりやすい。長期的な見届けで，成長の筋がみえる。
⑦ 児童の学年的，学期的発達の特性がわかりやすい。私が，一年生～六年生と，持ち上がり制担任（児童の組替えはする）をするので調べやすい。3回繰り返せたので，その表れを重ね，時代の変遷と，児童の発達の特性の変化もさぐれる。
⑧ 授業の組織化や授業の発展の評価に役だつ。授業の教材も入手できるし，授業の成果が生活に浸透する様子もわかる。

そして，長岡（1986）は次のようにも述べます。

　この作文は，教師との私的で親密な通信になる。「自分は理解されている」という児童の安心感，教師への信頼感と，「自分も皆と何かを分かち合いたい」という積極的な参加と創造への意欲をつくる有効な方法であろう。 *(p.125)*

私も継続的に実践しました。実践する前に，次の長岡（1986）が示している例文を子どもたちに紹介しました（〈　〉は関心の方向）。

・T君が好きになった。それは学校で野球をしているからだ。〈人間的〉
・私が変わったように思う。席がえしたからだと思う。きょうのようにしつ

こくおたずねしたのは初めてだ。自分でも，なんだか，私でないように思ってしようがない。〈環境・人間的〉

・団地のまわりの木が，きれいにさんぱつされました。仕事が終わったあともきちっとしてあるのは気持ちがよいものです。〈社会的・人間的〉

・台風17号のせいで，長良川では再長雨を記録した。80時間というと3日をこえる時間だ。〈自然的・数量的〉

そして，私の学級の子どもたちの「近ごろ変わったこと」の作文の書き出しは次のようになりました。

「僕がさいきん変わったことは，好きなものが増えたことです。2年生になって，友だちのすきなものを知っていきました」

「うちの周りの景色が変わった。それは，たくさんの家が建ち始めたからだ。きっとにぎやかになりそうで，ぼくは嬉しい」

「前は，お母さんに朝起きるときに起こしてもらっていたけど，『朝に学校でいっぱい外でみんなと遊べるようにしたいな〜』と，今は自分で起きるようになりました」

長岡（1986）は，

　書き出しの数行でも，そこにもう『この子』の内面にある話題や思考の個性的体制が知られてくるし，生活への構えものぞかれる。　　　(p.125)

と述べます。確かにそういう目をもって子どもの言葉を見ていくことで，とらえ方も変わってきます。

実際の子どもたちの作文を紹介します。2年生の子どもたちの作文です。

図2の作文（縦書き、右から左）

ちかごろかわったこと
ちかごろかわったことがある。
何かというと、算数でオリジナルノートを作れるようになった。
今から、みんなのオリジナルノートの作り方を教える。
1みんなのいけんを書く。
2自分が思ったことを書く。
3先生が言ったことを書く。
4ポイントを書く。
5かんそうを書く。
そしてオリジナルノートは、まだかんせいじゃない。
もうちょっとつけたしたほうがいい。
1ふき出しをつける。
2みんなが思ったことを書く。
3だいじなところにいろをつける。
4マイキャラをつける。
5みんながホワイトボードに書いたことを書く。
6だいじなことをまるする。
そういうことを付け足したらもっといいオリジナルノートを作れる。
もっといいノートをこれからも書きたいです。

図2　子どもの作文1（2年生）

　この子の作文は，ノートを自分なりの学び方でとれるようになったことの喜びが感じられます。

近ごろ変わったこと

近ごろみんなの、声のかけ方がかわりました。
それは、みんなが、友だちに、通りかかったら、「大丈夫？」とか、「大丈夫かい？」と言ってほかのところに行ってしまうことがありましたが、最近ではかけよって「だいじょうぶ？」とていねいにみんなが言ってくれます。
私がずっこけた時に、■■さんが大丈夫？と優しく言ってくれました。手を差し伸べてくれたので、言ってくれるだけよりも心配してくれているんだなと思いました。
声をかけるだけではなくて、実際に動作で助けることで、こんなにもホッとするのだなと思います。
私も、逆に■■さんがこけちゃった時に、同じことをしてあげました。同じように思ってくれたら良いなと思います。
2年C組はみんな、優しく成長しました。
これからも、こうして人を助け合って、Mastery For Serviceを繋いでいきたいです。

図3　子どもの作文2（2年生）

　仲間への感謝の気持ちが伝わってきます。言葉だけでなく，行動で示してくれるようになったことの変化の目をもっています。

次は，6年生の子の作文です。

ぼくが最近変わったことは、気になることはすぐに調べるように
なったことです。前までは、気になることはあってもそのままにして
いました。やっぱりiPadをもつようになってからちがっています。
この前、■さんに、「歴史って自分で調べれば調べるほどおもし
ろくなるよね」と言われたけど、そうなのかもしれません。■さ
んほどではないけれど、ぼくも歴史人物がしたことをたくさん調べ
てまとめるようにしています。
そういえば、授業のやり方も変わってきました。前は、先生が前で
話して、聞いて話し合うことが多かったけど、今は、自分で問いを
もって自分のペースで学習を進めています。気になることはすぐに
調べられます。こうやっていることが、気になることをほったらか
しにせずに調べるようになったことなのかもしれません。
でも、困ったこともあります。それは家でiPadばかりみていると、
お母さんにおこられることです。調べ出したら止まらないので、ど
うしたものかと考えています。お母さんは、「目が悪くなるか
ら！」とよく言います。それもよくわかります。
またいい方法を考えよう。

図4　子どもの作文3（6年生）

iPadという道具によって追究の仕方が変わってきたことが感じられます。
また，家庭での母親とのやり取りも想像でき，微笑ましくなります

最近は、友だちの見方がちょっと変わってき
ました。■さんです。なんかがんばってる
な〜って思うし、よく見ると、私には知らな
いことをいっぱい知っているからです。例え
ば、この前、チラッとiPadを見たら、思考
ツールを使ってすごいまとめ方をしていまし
た。休み時間にも実はとてもうまく絵をかい
ています。今までよりもちょっと視野を広げ
て友だちを見られるようになってきたことが
最近私が変わってきたことだと思います。
もっと多くの友だちのことを見ていきたいと
思います。

図5　子どもの作文4（6年生）

友だちの見方が変わり，自分の視野の広がりに対する可能性を感じています。

　以上，長岡実践の中核となっていた3つを紹介しました。紙幅の関係で具体的に紹介することはできませんでしたが，『子どもをとらえる構え』の中には実に多くの子どもの言葉が登場します。子どもたちの生の表現，子どもたちが確かにそこで生きていることを感じさせてくれます。それぞれの文脈も感じながら読み進めることでまた味わい深い読みができる一冊です。

　長岡実践を通して感じられる「教育の根底は人間理解」ということを，常に心に留めておきたいものです。　　　　　　　　　　　　　　（宗實直樹）

〈註記〉
^{註1} 長岡のポストの授業については『社会科の初志をつらぬく会の授業記録選　第2集』に集録されている「ポストをめぐって開きあう目　小2・ゆうびんのしごと」pp.49-95に詳しい。

〈引用・参考文献〉————————————————————————————

有田和正（2013）「今，先生方に話したいこと」『そよかぜ通信 2013年春号』教育出版

有田和正（1974）「わたしの授業研究」『考える子ども No98』社会科の初志をつらぬく会

長岡文雄（1986）「教育実践者の児童理解」日本教育方法学会『教育方法学研究』第11巻 pp.121-129

長岡文雄（1977）『子どもの力を育てる筋道』黎明書房

長岡文雄（1990）『授業をみがく　腰の強い授業を』黎明書房

宗實直樹（2022）『学級づくり365日のICT活用術─1人1台端末で変える！』明治図書出版

「個」の見取りから授業をつくる

築地久子（1991）『生きる力をつける授業』黎明書房

1 本書について

■ 築地久子とは

　築地久子という名前を聞いて知っている人はどれくらいいるでしょうか？少なくとも私の周りの教員に尋ねても知っていると答える人は，そう多くはありません。しかし，今の教育の大きな流れにおいて築地の学級づくりや授業づくりの中で，「個」を大切にする姿勢はもっと評価されるべきなのではないかと考えます。

　築地は静岡県島田市生まれで，18歳で脳波・筋電検査の仕事に就きます。その後，19歳で一宮女子短期大学を入学され，21歳で静岡県清水市の教員に採用されます。中藁科小学校や千代田東小学校，安東小学校，足久保小学校等で勤務されました。

　その中でも安東小学校での活躍については特筆すべきもので，様々な書籍からその様子が伺えます。当時の安東小学校は2千人を超える大規模校であり，あの上田薫と30年近く，ともに研究を行い，全国の教師たちが集うような学校を創り上げていきました。そのような全国的に著名な学校である安東小学校で築地は昭和57年から8年間在席し，安東小学校の研究を引っ張っていきました。この労力や責務の大きさは想像できません。

　また，私の知る限り，築地の単著はこの一冊だけです。他には，シリーズものとして『築地久子の授業と学級づくり1　教育実践の全体像を描く』（1994年　落合幸子・築地久子著）『自立した子を育てる年間指導2　築地久子の授業と学級づくり』（1994年　落合幸子・築地久子著）があります。また，『「個を育てる」授業づくり・学級づくり　5つのキーワードで築地学級を読む〜』（1993年　藤川大祐著）も築地について知るには欠かせない書籍の一つと言えるでしょう。

　そこで，様々な人物の築地や築地学級への発言をいくつか取り上げたいと

考えています。そうすることでより，築地がどれだけの人物かよくわかっていただけると思います。

藤岡信勝（1990）

築地学級は今，全国の心ある教師の注目を集めている。小学校の教師だけでなく，中学校や高校の教師さえ，さまざまな問い合わせがある。

なぜ，これほどまでの強い関心を集めるのか。

築地学級の子どものひたむきな，ひたぶる追究に参観者は胸を打たれるからである。日本の多くの教室で見失われてしまった，子どもの自発的な学習意欲，爆発的な学習エネルギーに衝撃を受けるからである。子どもの学習に対する基本的な構えにおいて，とにかく築地学級はふつうの学級と根本的に違っているのである。

藤川大祐（1993）

私は約七年間にわたって築地氏の授業に関心を抱き，研究を行ってきた。子どもたちが非常に活発に討論を行い，非常に複雑な授業過程を示す築地実践は，授業を研究対象としてきた私にとっては非常に魅力的であった。そこで起こっていることを明らかにしたいという単純な動機から築地実践に関わるようになった。

ある時期から，私の興味は微妙に変わってきた。授業の複雑な過程そのものよりも，そのような授業実践を創造する築地氏の考え方の方が興味深く思えてきたのである。

柴田克美（1993）

築地先生は，怪物である。（ごめんなさい。）ご趣味は「刀剣」ということを風のうわさに聞いた。夜中，酒をぐいーとやって刀をチャリーンとぬき，それを愛でて，エイッと気合を入れ，やおら指導案を書く，ともうかがっている。何やら殺気だった，恐ろしい気配が伝わってくる。

しかし，本当に会ってみると，実におだやかな，そして繊細な心をお持ちである。

落合幸子（1994）

　築地の教師としての歴史をみると，築地の授業は，「位置づける」という方法を使う前と後で，大きく変化している。

　築地は，位置づけることで個に対応できるようになったといっていい。

　位置づけることによって，教材からではなく，個から出発した授業を再構成することができた。

　「位置づける」－これが，築地の授業のもっとも重要な特徴である。

　しかし，なんとも理解しにくい。

　「位置づける」というのは何か。

　それは，「たった一人の子に対して自立に関わる願いをもち，その教師の願いを実現するために，単元を構成し，一単元中，一貫して，その子の変容を見続け，一時間の授業も位置づけた子を変容させるために授業をする」ということである。

　いかがでしょうか？　築地の学級経営や授業，子どもへの関わり方がよくわかるのではないかと思います。厳しさの中にも優しさがあり，安心感がある，そんな人柄の中で子どもたちは自立していく，というのはよくわかります。

■書籍との出会い

　私がこの書籍に出会ったのは，藤岡信勝の『社会認識教育論』（1991年　日本書籍）がきっかけです。岡山県の小学校教育社会科研究会の合宿で単元づくりをしているときに，ある校長先生から「藤岡信勝の『社会認識教育論』は読んだことがある？」と尋ねられました。私は聞いたことも見たこともなかったので，「ありません」とだけ答えました。そのときに，その校長先生は「体験と知識，どちらが先か後か書かれているから，ぜひ読んでみてね」と教えていただきました。その日の夜に通信販売ですぐに購入し，合宿から帰るとその本を読みました。

　この本の中には，何となく今まで抽象で感じていたものが，はっきりと具体で位置付けられ，言語化されていました。そこから，藤岡の書籍を集め始めました。そのときに，『個を育てる築地学級の秘密』（1990年　学事出版）

にも出合いました。藤岡が一人の授業者の２時間分の授業を書籍にしているのだから読まないわけにはいかないと読み進めていきました。そして，芋づる式にその授業者の築地の書いたこの『生きる力をつける授業』にも出合いました。

2 本書の価値

■よい授業をするための導入部の工夫

築地は，よい授業をするために「深い教材研究」「子ども理解」の二つを挙げています。このどちらもが成り立ってこそよい授業ができることは言うまでもないでしょう。そして，築地は「特定の人（担任している子どもなど）と授業する際は，無限にある教材をわかろうとするより，対象に合わせて教材を知るほうが楽です」と述べています。つまり，まずは子どもを理解してから教材を知るほうが楽だと考えています。具体的に子どもを知る方法として，以下のものを挙げています。

> 日記，子どもとの会話，一緒に遊ぶ，テスト，カード（読書カード，発表カード，聞いてみたいなカード，私の考えカード），座席，係活動，生活や学習ルールを子どもが考えたり作ったりする活動，授業

ある程度，教職経験がある方ならどの方法も，「なるほど」「たしかに」とうなずけるものが多いのではないでしょうか。中でも「座席」と「生活や学習ルールを子どもが考えたり作ったりする活動」に関しては，築地らしいものであると言えます。

特に授業に関しては，

開始直後の動きから子どもを理解する。

1　チャイムの合図で授業を始める（終わる）のでなく子どもにまかせる。

したがって,

2　第一発言者及び行動者は,子どもを原則とする。

3　本時の学習問題を黒板に書くのは,書きたい者及び書かねばならぬと思ったものが書く。

4　授業開始の挨拶後,各自の考えた本時の学習問題をノートする。

(p.22)

と細かく記述しています。

　子どもに授業の導入部分を任せ,今でいう主体的に学ぶことを目的としています。豊かな話術や様々な方法で子どもを引きつける方法を直接的には否定はしていませんが,自分自身の性格やすべての時間でそのような導入を行うことができないことを考慮した上でのこととしています。

　子どもに任せると上手くいかないことがあったり,考えが狭まったりする可能性はあります。しかし,こうすることで,自らの学びを調整したり,粘り強く学習に取り組んだりすることができる有効な手段だと想像できます。

　そして,この形式で実践を行うことのよい点を5つ,不都合な点を4つ挙げています。

よい点の代表例

1　前時の授業と本時がそれぞれの子どもにどのようにつながっているかがわかりやすい。

2　前時の授業がどこまで理解されていたか。定着度はどうか。持続力はどの程度か等が確かめやすい。

3　本時に取り組む姿勢や意欲が見えやすい。

4　発言順位や行動から性格やその時の精神状態をつかみやすい。

5　前時の授業の評価ができる。

(p.27)

不都合な点の代表例

1　子どもの動きによっては，事前に準備したものが使えなくなったり，授業目標や展開をわずかな時間で考えたりしなければならない。

2　それぞれの子どもが自分のやりたいこと（自分の脈絡）を出すので，本時のメイン課題を決定するのに時間がかかる。

3　発言者が多いので騒がしくなる（私は気にならないのだが気になる人もいるようです）。

4　動きが多様になるため，教師はいろいろなことを一度にしなければならない。

(p.27)

　授業記録などを読むと，休み時間の担任不在の状態で授業が始まることも多いようです。そして，このようなことが起こるのは，今日の授業で何をするのか子どもたちがわかっているからです。何より，子どもたちが「本気」であるからこそ起こることでしょうし，教師がそれを認めているということです。

　子どもをしっかり見取り，個別指導を行う点と，現在でも単元前半の評価を「指導のための評価」という風に考えていることは似ているかもしれません。授業の主役は子どもたちであり，子どもたちが中心となって進めていくという気概がわかります。

■ よい授業をするための展開の工夫

　展開部の工夫として，［教師の授業観］［ノート］［板書］について取り上げています。抜粋し，整理してみると，

【教師の授業観】

・意見別に席を立つ者と座る者あるいは，席や場所などを移動する（教室の後や前などに集まる）。

・白紙座席表を使って互いの考えをチェックする。

・必要に応じて自由に席を離れることができる。

・教室内の設備や備品を自由に使わせることや言動をできるだけ制限しない。

・忘れてしまったり，理解できなかったり，知らないことを隣りの人や仲

のよい人や知っていそうな人にそっと聞く。

・困ったり，悩んだりしていることを相談する（これらは，友達のときもあるし，教師になる場合もあります）。

・見えなかったり，聞こえなかったりするときや観察したかったり，実験したりするときに席を出る。

【ノート】

・友達や教師の発言に対する自分の考えをノートする。

・子ども同士でノートを交換する。

・本時のノート部分が見えるようにして，ロッカー等の上に並べる。

・発表カード，聞いてみたいなカード，私の考えカードを授業中にも取り入れる。

・自分と関わりのある者や関心を持っている者の意見や方法を白紙座席表に書き込む。

【板書】

・黒板に書かれた考えや方法のところに，自分のネームプレートを貼る。自分の考えと同じものがない場合は，新たに付け加えて書いてよい。

・自分の考えを書いた資料やたんざくを意見別に分類して黒板等に貼る。

・自分や友達や先生の話や考えの要点や問題点を文章や絵で書く。

・発言が苦手な者や発言権が得られなかった者が自分の考えを伝えたいときに書く。

・自分が持ち込んだ資料や参考書を貼る。資料等は，必要に応じて，友達や教師の物でも貼る。

・書く，貼るだけでなく不用なものを消したり取ったりする。

・カードやプレートを貼って自分の考えを示したり，主張したりする。

　どう感じたでしょうか？　私は，一人一台端末の導入によって加速化して進んでいる個別最適な学びそのもののような気がします。ICT機器の導入によって，私自身の授業スタイルは大きく変わりました。子どもに学習方法，時には学習内容を委ねることができるようになりました。そのことにより，教員が思いつかないような方法や切り口を子どもたちは提案し，学びに前のめりな子どもが増えてきたという実感をもつことができました。築地は，今

から30年も前に，このような授業観で授業を行っていたことに驚愕します。

■ **よい授業をするための終末の工夫**

築地の授業は子どもで始まり，子どもで終わります。

そのよさとして，

> ・子ども自身が，自分のペースで学習できる。
> ・次の授業を予測し，予習や復習ができる。
> ・授業で必要なものを自分から考えることができる。
> ・授業を組み立てたり，作戦を練ることができる。
> ・教師に与えられたり押し付けられたりするのではない自分のための授
> 業ができる。 (pp.93-94)

ということを挙げています。

「這い回る経験主義」「這い回る社会科学習」，とも言われそうですが，子ども一人ひとりをしっかりと見つめ，その子がどのように成長することがよいのか考えていく必要があるのではないでしょうか。

このような授業姿勢から，生まれるよさが結果（データ）としても出ています。築地は「私の願いは，どの子も，自分のことを『自分も結構やれるじゃないか』と思うようになること」と言っています。つまり，これが今の言葉で言うならば「自己肯定感」「自己有用感」にあたります。築地学級の子どもたちは「自分を信じている」「もっとよくなりたい」という傾向が高いことがわかっています。

前述した築地の人間性と授業の在り方が密接に結びついて様々な指導に出ているのです。子どもを「自立」に到達させているものが何となくつかめてきたのではないでしょうか。

3 本書から得た学び

■築地学級のもつ迫力とは

　正直なことを言うと，私は「個」よりも「集団」に多くのアプローチをしてきた教員だと自覚しています。教師になりたての頃は，拙いなりにも「個」を大切にしている意識はあったのです。しかし，ある程度力がつき学校全体を俯瞰して見られるようになると，学年や学校という視点で物事をとらえることが多くなり，「個」で物事を見ることは減ってきていました。それなりにうまくいっているような学級はつくれるようにはなりましたが，何かが足りないのです。それは，「迫力」なのだとこの書籍を読み気づかされました。そのためには「個」をしっかりとらえる必要があります。そのための方法は様々でよいと思うのですが，とらえる内容はある程度こちらの手札として持っておいたほうがよいでしょう。

　「迫力」の詳細については，この書籍には記されてはいませんが，様々な書籍にヒントはあります。例えば，『築地久子の授業と学級づくり』には，「迫力」が生まれない理由として，

　①教科教材の価値から外れないよう課題をセッティングしている

　②導入，展開，終末における節目節目の主導権を教師がもっている

　③子どもがわき道にそれたり，価値の低い所にこだわったりすれば，すかさず手を加えている

　を挙げています。この3点は築地の場合も大筋はちがわないとしながらも，個々の子どもの意識の流れを大切にし，個々の子どもの中の一貫性を大切にします。そうすると，自分の答えを出さざるとえなくする授業構成になり，「迫力」が出てくるようです。

　このように，本当の意味での子どもの「～したい」「しなければ」という思いを引き出すような授業をしてみたいものです。

　最後に，築地の生き方を表す，築地の好きな言葉を紹介します。

　　　　「水仙の　白き花びら　ふくよかに

　　　　　　　道ひとすじに　姿このよし」

（近江祐一）

〈参考文献〉

藤岡信勝編著（1990）『個を育てる築地学級の秘密』学事出版

藤岡信勝編著（1988）『実践・個を育てる力―静岡市立安東小・築地学級の授業』明治図書出版

藤川大祐（1993）『「個を育てる」授業づくり・学級づくり―5つのキーワードで築地学級を読む（ネットワーク双書）』学事出版

落合幸子・築地久子（1994）『築地久子の授業と学級づくり1　教育実践の全体像を描く』明治図書出版

落合幸子・築地久子（1994）『築地久子の授業と学級づくり2　自立した子を育てる年間指導』明治図書出版

日本社会科教育学会編（2000）『社会科教育事典』ぎょうせい

上田薫・静岡市立安東小学校（1977）『どの子も生きよ―カルテと座席表から「全体のけしき」まで』明治図書出版

本棚雑感記

　古書を収めるべく多くの本棚を購入しました。本棚探しから実際に設置して気づいたことがあります。その気づきの中から今回は「本棚の購入」「本棚の収納」「雑誌の活用」に焦点をあててお伝えします。

１．本棚の購入とサイズ感覚

■完成品の購入

　完成品を購入するのがおすすめです。大きな本棚を自分で組み立てるのは本当に手間暇がかかります。一度私は夏に組み立てて，汗が滝のように流れ，筋肉痛になりました。自分で組み立てるタイプの本棚はもう経験だけで十分です（笑）。でも，自分で一から

つくることを楽しめる方は，最高ですね（^_^）

　どこに配置するかは、部屋のスペースを見計る必要があります。そのため、メジャーが必須道具となります。

■A4サイズ棚の重要性

　A4サイズが入る棚が重要です。A4サイズの本や書類は意外と多いので，そのサイズが入る棚がいくつかあると重宝します。棚板は2.5cm以上の厚めのものが安定感と安心感を与えてくれます。

■奥行きはどれくらい？

　単行本等は奥行き18cmくらいの薄めの本棚でズラッと並べると，部屋の圧迫感が少なくなります。ただし，奥行きのある本棚は収納幅も大きく，も

のを置くなどして空間を使って遊ぶこともできます。

　奥行きがある棚は本を前と奥の2列で並べます。奥にある本は下に台を設けて背を高くし，少しでも背表紙が見えるようにすると本が見つかりやすくなるので便利です。

■本棚の色や質感は？

　部屋の配色にもよりますが，レベッカオーク等，濃い目の色の本棚は空間が引き締まります。ウォールナット等の木調は，白系統の本の色と合っている気がします。

■購入はどこで？

　私は本棚の多くをオークション等で購入しました。これらの本棚もある意味一つひとつが「出会い」でした。そして，色々とネットで本棚探しをしてきた中でもお気に入りの会社は「フナモコ」さんでした。つくりもしっかり，色も棚板の厚さもちょうどよく，完成品で届きます。

■安全対策

　本棚を購入した後の安全対策としては，必ずネジ等で転倒防止対策をします。部屋に本棚と本が増えてきたときは，部屋の床が抜けないことを祈りましょう（笑）。

2．本棚の収納

■本の置き方・並べ方

　どこにどの本があるのかがわかることが重要です。明確に人物で並べているものや，ある程度のシリーズで並べているものもあります。例えば，「地域」シリーズ，生活綴方，社会科の初

志をつらぬく会，重松鷹泰など，テーマ別特集や教育団体，個人の書籍コーナーができる感じです。必要なときに探しやすくなります。大切なことは，「なんとなく」その本がある場所を覚えておける自分なりの「約束事」をもつことです。

　自分がよく読む本や好きな本は，自分が座る椅子から近い場所に配置しましょう。自分の好きな本が身近に目に入る状態になるだけでテンションが上がります（笑）。私の場合，古典や小説，美術系の本（というか図録？）は，すぐ手にとれるように置いています。さっと手にとって数秒見るだけでも心の栄養になります。あと，重松鷹泰や上田薫，長岡文雄や平野朝久の書も，すぐ近くに置いています。

3．本棚に並べた雑誌をフル活用する

■雑誌の置き方

　最近書籍をまるごと読むことは多くありません。雑誌ならなおさらです。そのときの状況にもよりますが，ほぼ読まずに本棚に収めることもあります。

　しかし，必ず雑誌は購入しています。テーマに沿って少し調べたくなったときに開きます。これがけっこう役に立ちます。

　過去の雑誌の４月号だけを意図的に集めてまとめて本棚に置いています。４月号にはその一年間の流れやその時々の編集の意図が色濃く示されています。だから並行して読むとおもしろいです。

■特集と連載の重要性

　私が注目するのがそのときの「連載」です。どの連載がよいとかそういう視点ではなく，「今」の自分にヒットするかで見ています。連載は，書かれている筆者の方がテーマに沿って，そのときの論をまとめて書き下ろしています。それを，自分の問題意識と合わせて一年間追っていくことで，とても愉しく読むことができます。

例えば、『社会科教育』（明治図書出版）平成12年度号（2000年度版）の吉川幸男氏の連載「社会科で求める『考える力』とは何か」が自分の問題意識と合致したときがありました。通して読めば、一つのまとまりとして筋を通して読むことができます。そういうおもしろさがあるので雑誌はなぜか手放せません。もちろん、本棚のスペースには限界があるのでそこも考えなければいけませんが…。雑誌こそ本棚に並べるに越したことはないと思っています。

■ 雑誌の視覚的な整理方法

雑誌の背表紙にはその号の特集が書かれています。それをざっと眺めるだけでもその時代の傾向がよくわかります。そして、自分が今気になって考えたいことや問題意識と合致している号があれば、写真のようにスッと少しだけ引き出しておきます。これをしておかなければそのときは覚えていても、

後からどの号だったか探さなければいけないことになります。とてもじゃないけど探せません…。これは雑誌に限らずその他関連書籍でも言えることです。スッと引き出して書籍を目立ちやすくしておくことで、問題意識が明確なそのときに取り出せるようになるという、ちょっとした「ワザ」です。

本棚をフル活用して、読書lifeを愉しみましょう！

（宗實直樹）

古書の世界への誘い
―「社会科の本を読み込む会」の軌跡と展望―

1 「社会科の本を読み込む会」の原点

■ 学習指導要領解説 社会編を読むことから

　本書執筆のきっかけの一つとして「社会科の本を読み込む会」の存在があります。毎月１回の読書会ですが，社会科に関連する書籍，しかもできるだけ古書（おおよそ1980年代以前の書籍）を読み，現在の教育活動・教育実践に活かそうとの趣旨で実施しています。

　「社会科の本を読み込む会」の原点は，実は「新学習指導要領を読み込む会（その当時は「新CSを読み込む会」と言っていました）」にあります。そのスタートは2018年までさかのぼります。本書の執筆者である宗實，石元がもともと居住地域が近く，新学習指導要領実施に伴い，社会科編をじっくり読んで理解しようという趣旨でした。当時は，今後10年間の社会科の指針となるものだけに，最重要なものとして必要感をもって読んでいました。

　授業実践にあたり，ことある度に開くであろう学習指導要領ですが，一人で読むより，人と対話しながら読むほうが，自分にはない視点に気づかされたり，解釈内容の相違からより深く理解できたり，内容から広がる社会科に関する様々な交流をしたりできるであろうと考え，最低２人（宗實・石元）だけでも決行しようと決め（実際に２人だけのときもありましたし，１人のときもありました），Facebookで告知したり，社会科に興味のある知人に声をかけたりしました。場所は兵庫県三田市のJR三田駅前の三田まちづくり協働センターとしました。コロナ禍以前ですので，対面を前提としていました。その当時は，まさか現在のようにZoomによるオンライン開催になるという見通しは微塵もありませんでした。

2　「社会科の本を読み込む会」の方法

■大きな括りで読み込む

　読書会の方法は，多様にあります。私がこれまで経験した読書会は，参加者がきりのよいところまで一文一文音読をし，その後，内容の解釈や気づいたことを対話する方法でした。じっくり解釈を深めていき，時には話を広げていくこの方法に馴染んでいた私は，読み込む会で提案し，実際にやってみたのですが，時間がかかりすぎてしまいました。現に以前に参加していた読書会は同じ書籍を読み終えるのに月2回で2年間かかりました。読み込む会ではその方法ではなく，大きなまとまりや書籍1冊分などをあらかじめ設定し，事前に読んでおき，気づいたことや疑問，みんなで話をしてみたいことを話す方法をとりました。

　第1回（2018.5.30）から第11回（2019.8.23）までは学習指導要領解説社会編を読んでいましたが，少人数のことも多く，「○○ってどういうこと？」「たしかp.○○に書いてあったような…」（沈黙で読む）のように，「読み込む会」という名の通り，じっくり読み込む時間も確保していました。

　そして必ず記録をとっていました。ホワイトボードに記録をして写真を撮り，それを基に記録を書いていました。記録をとることで学びの振り返りとなり，内容がより定着する感じがします。後から見直すことができるよさもあります。何より記録があることで，その書籍の特徴が表現できるようになると思います。

　第12回目から学習指導要領解説社会編から一旦離れ，社会科に関する書籍を読むことにしました。社会科の本質に迫り，社会科という教科をより深く知っていくことに方向転換をしました。特に社会科の名著（古典）と言われる書籍を読んでいくことにしました。読み進めていくうちに社会科という教科の歴史的変遷や社会科で大切にされている普遍的な部分などが見えてきて，あらためてこれまでの実践の素晴らしさを感じたり，実践の価値に気づく面白さにはまっていきました。

　しかし，コロナの影響で，集まることが難しくなり，第24回からリモートでの開催に変更しました。そのため，より多くの人が参加できるようになり，全国からの参加が可能になりました。

最近では，気になる内容をもとに，普段の授業のこと，子ども観や教育観などに話が広がっていくことも多く，刺激のある学びの場になっています。

■ **非構成的に読む**

　読み込む会は参加された方と気になった箇所を対話していく方法ですから，「どなたからでもよいので気づいたことや話をしてみたいことをお願いします」というところからスタートします。事前に進め方を構成的に決めているわけではありません。いわば，かなり非構成的で即興的です。沈黙が続いたり，話が広がりすぎたりすることもあります。

　読書会の進め方として「全員が必ず話す」とか，グループに分かれて話をして，それを共有して…というような構成的な方法のほうが効率的で無駄がなく，理解は進む可能性があるかもしれませんが，あえてそのような方法をとっていません。このある一定の緩さが，だれでも話ができることのメッセージになったり，無理なく継続できていたりするのだと思っています。

3 読み込む会の記録

■ **これまでの実施状況**

　2018年にスタートした読み込む会ですが，ざっとその実施状況は以下の通りです。

2018年		
第1回	5月30日	『学習指導要領（平成29年告示）解説　社会編』 ★社会科の内容構成，歴史学習について
第2回	6月20日	『学習指導要領（平成29年告示）解説　社会編』 ★5年生の目標　産業を発展させる情報
第3回	7月26日	『学習指導要領（平成29年告示）解説　社会編』 ★第1章　（1）改訂の経緯
第4回	8月21日	『学習指導要領（平成29年告示）解説　社会編』 ★総説（社会的な見方・考え方）
第5回	9月18日	『学習指導要領（平成29年告示）解説　社会編』 ★総説（社会科の目標）
第6回	10月24日	『学習指導要領（平成29年告示）解説　社会編』

		★第3学年
第7回	11月26日	『学習指導要領（平成29年告示）解説　社会編』
		★第4学年
第8回	12月20日	『学習指導要領（平成29年告示）解説　社会編』
		★第5学年

2019年

第9回	1月23日	『学習指導要領（平成29年告示）解説　社会編』
		★第6学年
第10回	2月6日	『学習指導要領（平成29年告示）解説　社会編』
		★第6学年（歴史単元）
第11回	3月28日	『学習指導要領（平成29年告示）解説　社会編』
		★第4章（指導計画の作成と内容の取扱い）
第12回	5月30日	『小学校 新学習指導要領 社会の授業づくり』澤井陽介
		(2018) 明治図書出版
第13回	6月27日	『小学校 新学習指導要領 社会の授業づくり』澤井陽介
		(2018) 明治図書出版
第14回	7月31日	『社会科授業構成の理論と方法』森分孝治（1978）明治
		図書出版　第1章
第15回	8月22日	『社会科授業構成の理論と方法』森分孝治（1978）明治
		図書出版　第2章
第16回	9月24日	『社会科授業構成の理論と方法』森分孝治（1978）明治
		図書出版　第3章
第17回	10月18日	『社会科授業構成の理論と方法』森分孝治（1978）明治
		図書出版　第4章
第18回	11月29日	『小学校社会科の授業設計』（1991）『社会科の授業分析』
		(1993) 岩田一彦　東書TMシリーズ
第19回	12月19日	『教材づくりの発想』藤岡信勝（1989）日本書籍
第20回	12月25日	『授業をみがく』長岡文雄（1990）黎明書房

2020年

第21回	1月16日	『子どもの生きる社会科授業の創造』有田和正（1982）
		明治図書出版
第22回	1月24日	『川口港から外港へ』鈴木正気（1978）草土文化
第23回	3月23日	『問題解決学習の理論と方法』谷川彰英（1993）明治図
		書出版
第24回	4月21日	『子どもが追究する授業の展開　山田勉　社会科授業論』
		市川博・影山清四郎編（1991）日本書籍
第25回	5月9日	『現代社会科授業理論』森分孝治（1984）明治図書出版

第26回	5月23日	『現代社会科授業理論』森分孝治（1984）明治図書出版〈「いかに」説明，付加的成長型の授業〉
第27回	6月5日	『現代社会科授業理論』森分孝治（1984）明治図書出版〈「何」説明，変革的・累積的成長型の授業〉
第28回	6月26日	『現代社会科授業理論』森分孝治（1984）明治図書出版〈「なぜ」説明，変革的・累積的成長型の授業〉
第29回	7月10日	『わかる社会科の授業　その本質と実践』山田勉（1982）秀英出版　第1章
第30回	7月24日	『わかる社会科の授業　その本質と実践』山田勉（1982）秀英出版　第2章
第31回	8月7日	『社会科教育史資料4』（実践ページ）上田薫編（1977）東京法令出版　実践4年単元「用心溜」5年単元「西陣織」
第32回	8月21日	『社会科教育史資料4』（実践ページ）上田薫編（1977）東京法令出版　実践3年単元「福岡駅」
第33回	9月4日	『社会科授業の改革と展望』片上宗二（1985）明治図書出版　第1章「社会科教育の危機と中間項の必要性」
第34回	9月18日	『現代社会の課題にどうせまるか』永田時雄（1965）明治図書出版　第1章　社会科授業の条件＋第2章「首都東京」（pp.1～50）
第35回	10月2日	『現代社会の課題にどうせまるか』永田時雄（1965）明治図書出版　第2章　「地方の都市」「これからの日本の農業」（pp.59～114）
第36回	10月16日	『現代社会の課題にどうせまるか』永田時雄（1965）明治図書出版　第2章「焦点と消費者」「Ⅲ　社会科授業の創造」（pp.114～最後まで）
第37回	10月30日	『「経済の仕組み」がわかる社会科授業』山根栄次（1990）明治図書出版　Ⅰ，Ⅱ章（～p.65）
第38回	11月13日	『「経済の仕組み」がわかる社会科授業』山根栄次（1990）明治図書出版　Ⅲ章（pp.67～111）
第39回	11月27日	『社会科授業づくりの理論と方法　本質的な問いを生かした科学探求学習』渡部竜也・井手口泰典（2020）明治図書出版　第1～3章
第40回	12月11日	『社会科授業づくりの理論と方法　本質的な問いを生かした科学探求学習』渡部竜也・井手口泰典（2020）明治図書出版　第4～6章
第41回	12月25日	『社会科授業づくりの理論と方法　本質的な問いを生かした科学探求学習』渡部竜也・井手口泰典（2020）明治図書出版　第7～9章

第42回	1月8日	『ひとりひとりを生かす授業―カルテと座席表―』 上田薫・静岡市立安東小学校著（1970）明治図書出版 第Ⅰ章（初め～p.40）
第43回	1月22日	『ひとりひとりを生かす授業―カルテと座席表―』 上田薫・静岡市立安東小学校　明治図書出版（1970）第 Ⅱ章（pp.41-99）
第44回	2月5日	『ひとりひとりを生かす授業―カルテと座席表―」 上田薫・静岡市立安東小学校　明治図書出版（1970）第 Ⅲ，Ⅳ，Ⅴ章（p.100～最後まで）
第45回	2月19日	『現象学とは何か　哲学と学問を刷新する』 竹田青嗣・西研編著（2020）河出書房新社
第46回	3月5日	『現象学とは何か　哲学と学問を刷新する』 竹田青嗣・西研編著（2020）河出書房新社 【現代思想と現象学】【教育学と現象学】【社会学と現象 学】pp.121-223
第47回	3月19日	『社会科の「つまずき」指導術』宗實直樹（2021）明治 図書出版
第48回	4月3日	『宗實直樹の社会科授業デザイン』宗實直樹（2021）東 洋館出版社
第49回	5月1日	『社会科の「つまずき」指導術』宗實直樹（2021）明治 図書出版 『宗實直樹の社会科授業デザイン』宗實直樹（2021）東 洋館出版社
第50回	6月5日	『生活科のロマン』中野重人（1996）（第1章～第2章） 東洋館出版社
第51回	7月3日	『生活科のロマン』　中野重人（1996）（第3章～第5章） 東洋館出版社
第52回	8月5日	『子どもをとらえる構え』　長岡文雄（1975）黎明書房 第1章～第3章（pp.1-102まで）
第53回	9月4日	『子どもをとらえる構え』　長岡文雄（1975）黎明書房 第4章～第6章（pp.103-184まで）
第54回	10月9日	『抵抗としての教材』　山田勉（1974）黎明書房第Ⅰ章 ～第Ⅲ章（pp.1-88まで）
第55回	11月12日	『抵抗としての教材』　山田勉（1974）黎明書房第Ⅳ章 ～第Ⅴ章（p.89～最後まで）
第56回	12月11日	『子どもの力を育てる筋道』長岡文雄（1977）黎明書房 第Ⅰ章～第Ⅱ章（最初～p.54まで）

宗實直樹（2023）明治図書出版
『社会科　個別最適な学び　授業デザイン実践編』
宗實直樹（2023）明治図書出版
第70回　3月21日　『初等教育原理』　重松泰鷹（1971）国土社

図1　社会科の本を読み込む会の軌跡

　2023年3月現在，5年目に突入していますが，まずは100回を目指して持続可能かつ知的に刺激のある対話を中心とした読み込む会にしたいと考えています。

■記録の蓄積

　読み込む会では毎回，記録をつけています。この記録を読み返すことで頭が整理されると共に，何を対話したのかを思い出すことができます。基本的には私（石元）が作成し，参加者に送っています。

　対面で実施していたときは，ホワイトボードに記録をして写真を撮り，その写真をもとに作成していました。いくつか紹介します。

【第1回】

　記念すべき第1回の記録は，宗實氏作成。宗實氏らしいビジュアルを重視したわかりやすい記録となっています。参加者は4人です。この当時は当然対面での読み込む会ですので，4人で対話を重ね，学習指導要領の内容を整理し，解釈していきました。

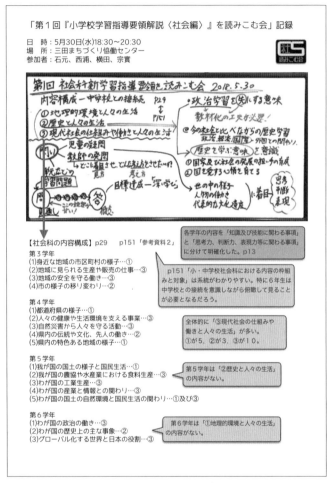

図2　第1回の記録①

【歴史学習に関する内容】p109,110

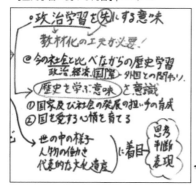

政治学習を歴史学習よりも先に行うことのメリットは、現代の社会と比較しながら歴史を学べるということが挙げられる。また、歴史学習におけるつまづきをなくすことも挙げられるであろう。例えば、租庸調、地租改正など、税に関する用語や政権や新政府など、政治に関する用語が扱われることなどである。

ただし、政治学習を先にするにあたって、子どもたちが興味関心をもてるような授業づくりを考える必要がある。身近なところの政治、身近なところの憲法等が表れている教材を探す必要がある。

> 実は昭和43年板の学習指導要領では政治に関する学習が先行していた。

イの(ア)は、「思考力、判断力、表現力等」に関わる事項である。

　世の中の様子、人物の働きや代表的な文化遺産などに着目して、我が国の歴史上の主な事象を捉え、我が国の歴史の展開を考えるとともに、歴史を学ぶ意味を考え、表現することとは、社会的事象の見方・考え方を働かせ、我が国の歴史上の主な事象について、例えば、世の中の様子、人物の働きが代表的な文化遺産などに関する問いを設けて調べたり、歴史の展開や歴史を学ぶ意味を考えたりして、調べたことや考えたことを表現することである。

――― 我が国の歴史上の主な事象を捉える ―――

世の中の様子に着目	人物の働きに着目	代表的な文化遺産に着目
「いつから始まったのか」「どのような世の中だったのか」「どのように発展したのか」などの問いを設けて、アの(ア)から(サ)までに示されたそれぞれの時期における国家・社会の様子について調べることである。	「その人物はどのようなことをしたか」「なぜそうしたか」「社会や人々にどのような影響を与えたか」などの問いを設けて、国家・社会の発展や優れた文化遺産を生み出すことに貢献した先人の働きについて調べることである。	「誰がいつ頃作ったのか」「何のために作ったか」「歴史上どのような意味や価値があるか」などの問いを設けて、我が国の代表的な文化遺産について調べることである。

我が国の歴史の展開を考えるとともに、歴史を学ぶ意味を考え、表現する

　調べた歴史上の主な事象を関連付けたり総合したりして、世の中の様子や国家・社会の変化、歴史を学ぶ意味などを考えたりして、文章で記述したり、年表や図表などにまとめたことを基に説明したりすることである。

図3　第1回の記録②

歴史を学意味を考える

　歴史学習の全体を通して、歴史から何が学べるか、歴史をなぜ学ぶのかなど歴史を学ぶ目的や大切さなどについて考えることである。例えば、我が国の伝統や文化は長い歴史の中で育まれてきたことを踏まえ、過去の出来事は現代とどのような関わりをもっているかなど過去の出来事と今日の自分たちの生活や社会との関連や、歴史から学んだことをどのように生かしていくのかなど国家及び社会の発展を考えることである。

> 自分たちもこれからの歴史の担い手となることや、平和で民主的な国家及び社会を築き上げることについて、考えを深めるようにすることが大切である。p110

　我が国の歴史は各時期において様々な課題の解決や人々の願いの実現に向けて努力した先人の働きによって発展してきたことを理解できるようにし、我が国が発展してきた基盤について考え、我が国の歴史への関心を高めるようにすることが大切である。

> 我が国の歴史や伝統を大切にして国を愛する心情を育てることにつながる。

▶学習の効果を高めるためには、内容アの(ア)から(サ)までに示した事象を取り扱う授業時数に軽重をつけるなど、単元の構成を工夫する必要がある。

【「問い」と「見方・考え方」】p18,19

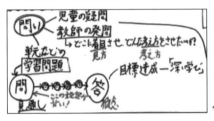

　　「問い」が生まれる資料や情報の提示の仕方はどうしたらいいのか。どうすれば子どもたちが比較したり関連付けたりするかなどを考えながら提示を工夫する必要がある。
→どの資料を使い、その資料のどこに着目させ、どんな考えさせ方をしたいのか。資料の精選、提示を工夫する。

> 「問い」の質を意識する。「問い」の連続性を意識する。

　問いとは、調べたり考えたりする事項を示唆し学習の方向を導くものであり、単元のなどの学習の問題（以下、解説において「学習問題」という。）はもとより、児童の疑問や教師の発問などを幅広く含むものであると考えられる。

次回【第2回『小学校学習指導要領解説〈社会編〉』を読みこむ会】
日時▶6月20日(水)18:30～20:30
場所▶三田まちづくり協働センター
会費▶参加者で割る
内容▶第3章（p70～p96）※第5学年を中心に

図4　第1回の記録③

【第10回】

　第10回目はまだ学習指導要領解説社会編を読んでいます。この日は参加者が２人（石元・宗實）だけであり，２人で書きながら読みながら，進めました。２人で実施すると，読む時間も増えるので，沈黙の時間もかなりありますが，あまり気にしていませんでした。

　内容としては第６学年の歴史学習のところが中心です。

　歴史学習においては，着目する点が①世の中の様子，②人物の働き，③代表的な文化遺産とはっきり明記されており，単元での授業づくりについて頭の中が整理されてきたことを思い出します。また，政治先取の学習によって歴史学習の展開が工夫できることや，より歴史を深く理解できること，歴史学習においても地理的な要素を活用していくことなど，大変印象深かった回でよく覚えています。

　また，第２回以降は石元が記録をつけています。対話したことを録音しているわけではありません。そのため，記録の際にどうしても記録者のとらえ（視点や思考の偏り）でしか表現できませんので，正確性には欠けるところがあるでしょうが，そこは許容してもらっています。

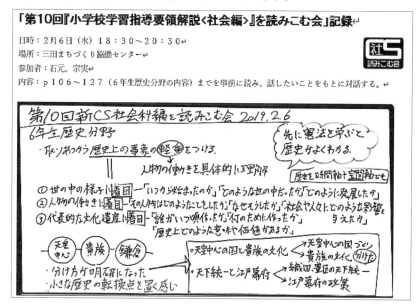

p125 L26〜

指導計画を作成する際には、例えば、（ア）から（サ）までに示された歴史上に事象の中で重点的に扱うものと関連的に扱うものを明確にして授業時間の掛け方に軽重を付けるなど歴史上の主な事象の取り上げ方を工夫し、小学校の歴史学習に関する目標や内容が一層効果的に表現できるようにすること

6年生の歴史学習の内容は、（ア）の縄文から（サ）の現在まで11項目ある。すべてを同じような力の入れ方で指導計画を立てて行うことは現実的には難しい。そこで、単元として軽重を付けることが明記されている。そしてその内容（歴史上の事象）は、「政治の中心地」「世の中の様子」によって分けられている。細かい年代や歴史上の出来事を覚えることだけでなく、「大まかな歴史」を捉えることが大切にされている。

その分け方が明確になり、これまで、「天皇中心の国と貴族の文化」が

（P107）
（イ）大陸文化の摂取、大化の改新、大仏造営の様子を手掛かりに、天皇を中心とした政治が確立されたことを理解すること
（ウ）貴族の生活や文化を手掛かりに、日本風の文化が生まれたことを理解すること

の2つに分けられており、より一層指導計画が立てやすくなるであろう。
歴史上の事象を取り上げる際には、
　①世の中の様子
　②人物の働き
　③代表的な文化遺産
に着目することが明記されており、

（P109）
•世の中の様子に着目するとは、例えば、いつから始まったか、どのような世の中だったか、どのように発展したかなどの問いを設けて・・・

•人物の働きに着目するとは、例えば、その人物はどのようなことをしたか、なぜそうしたか、社会や人々にどのような影響を与えたかなどの問いを設けて・・・

•代表的な文化遺産に着目するとは、例えば、誰がいつ頃作ったか、何のために作ったか、歴史上どのような意味や価値があるのかなどの問いを設けて・・・

と問いの例も示されており、授業づくりの大きな示唆となっている。
また今回の指導要領は、内容を歴史軸だけで追うだけではなく、場所や地域の視点（なぜその場所なのか、その時世界はどういう動きだったのか）などの空間軸も大切にされている。必ず「地図や年表などの資料を使って」と明記されている。
さらに今回の改訂で歴史学習は、政治の学習をした後に学ぶ。現代の政治の仕組みや憲法を学んだあとに学習することになるので、「政治の中心地」や「世の中の動き」で分けて学習していく歴史学習はより関心・興味をもち深く学べるのではないだろうか。

図5　第10回の記録

【第22回】

『第22回『小学校学習指導要領解説〈社会編〉』を読みこむ会」記録

～読書編 ～（川口港から外港へ　鈴木正気　著）

日時：1月24日（金）18：30～20：30
場所：三田まちづくり協働センター
参加者：石元、宗実
内容：川口港から外港へ　鈴木正気（草土文化）もとに対話する。

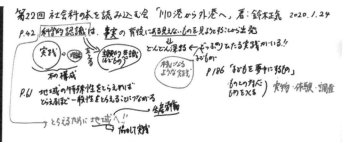

（1）本の構成

　この本の構成は、鈴木氏の実践が大半をしめ、最後に理論が説明されている。いずれも地域の水産業についての骨太な実践が、書かれている。この年代の本は授業記録も掲載されていて誠実な感じがある。

（2）P42～

> もともと科学的な認識は、事実を大切にし、その背後にある見えないものを見ようとすることから出発する。そしてあるひとつのものが見えてくると、またその背後にあるものが見えはじめてくるというように、自己完結的な体系ではないはずである。

　社会科の本質かもしれない。ただ、見えないものを見える実践は、鈴木氏の実践のように泥臭く、どっぷりと地域の実践などがいるであろう。子どもが本気になって追究する社会科授業をつくることができるかである。
　そういう意味では、P180にある理論編に、子どもを夢中にさせるものとして
　○ものとの対応
　○ものをつくる
　が書かれている。実物や見学・調査などの体験的活動が大切である。

（2）P61～

　鈴木氏の実践の真骨頂といえるものは、地域の実践である。P61には、教材編成について以下のような記述がある。

> 　日本産業の一般的特質は、地域の特殊性に貫徹されているのであるが、しかし、一般性自体は、地域の特殊性によってしか成立しないという関係をもつ。だから私は、久慈の漁業に固執することによって、日本の産業を一般的に扱わなくても、久慈の漁業を深くとらえることがそのまま一般性をとらえることになるのだと考えた。

　科学的な認識を子どもに獲得させるために、地域を教材として扱うのである。地域にどっぷりひたる実践を行えば、そこに関わる人も見えてくる。
　知れば知るほど、そこから見えてくるものは、一般性をもった科学的認識である、ということであろう。社会科授業づくりに勇気がわくし、実感として納得できるものである。

図6　第22回の記録

第22回は地域教材の実践家として著名な鈴木正気氏の書籍でした。学校や休みの日に子どもと社会見学に行くなど，体験的な活動をしながらどっぷりと地域に入り込んでいき，長時間をかけて学んだことを表現していく実践に圧倒されたことを思い出します。さすがに現在はそのような実践は難しいと思いますが，地域を追究するからこそ，概念的なものや一般化されるものが見えてくるという理論と実践の往還に多大な影響を受けました。記録を見るとこれも2人だけです。

【第31回】

「第31回『小学校学習指導要領解説〈社会編〉』を読みこむ会」記録

～読書編 ～『『社会科教育史資料4』(実践ページ) 上田薫編 (1977) 東京

法令出版 4年単元「用心溜」5年単元「西陣織」

日時：8月7日（金）21：00〜22：00
場所：自宅
内容：『社会科教育史資料4』(実践ページ)上田薫編(1977)東京法令出版
　　　4年単元「用心溜」5年単元「西陣織」

①用心溜

　社会科の実践というより、生活科、もっと言えば生活単元そのものであると言えるではないか。「用心溜」も「西陣織」も日本生活連盟『カリキュラム』の連載である「日本社会の基本問題と単元学習」の実践例として掲載されたものである。昭和20年代におけるコア・カリキュラムの社会問題解決学習の代表的実践である。
　P395、396の単元計画を見ると、「火事の原因について調べる」や「村の消火施設を調べる」「進んだ消火法と耐火建築」など社会認識を深める学習があり、今の単元学習の構造（導入で単元を方向づける➡展開で多様な知識の獲得➡週末で選択・判断など）と似通っており、様々な批判があるが、今の実践の原点になっているともいえるのではないか。
　また、この時代は「道徳」がない時代である。単元として道徳的な内容も入っていたのであろう。

②西陣織

　自分たちの住んでいる地域の批判ともなるような思い切った内容である。様々な文献で取り上げられている実践で学習活動や学習内容は今でも参考にできることが多い。
　ひとつ参考になる論文が『立命館産業社会論集　第49巻第3号』(2013)の中西仁「永田時雄・西陣織再考」である。以下のように記されている。

> 本論文は「西陣織」単元が地域や子どもの生活現実に根ざした切実な問題を取り上げた問題解決学習の典型というよりも、概念的な社会問題の構造的把握へ大きく傾斜した特異な実践であることを明らかにした。

　確かに、初期社会科の問題解決学習として、「社会科の初志をつらぬく会」でも取り上げられている印象が強いイメージがあったが、論文の著者中西仁氏は「違和感を持っていた」ようである。
　今回の読み込む会では、「西陣織」の実践者「永田時雄」の話題で大いに盛り上がった。永田時雄は先述の中西論文では

> 永田は京都師範学校を卒業してから「海軍軍人」「農村部の公立小学校教師」「地方都市京都の公立小学校教師」「東京の私立小学校教師」「企業の社内研修担当」と特色ある経歴を歩んだ。学校教育に限らない社会教育の場も含めた教師のライフヒストリーという観点からすれば、永田は極めて興味深い人物である。
>
> と記されている。永田の著作は、現時点で検索できるものでも「生涯教育を求めて―企業内教育の現実と期待」「教師自身―その生活変革」「世界偉人自伝全集12　ペスタロッチ」「現代社会の課題にどうせまるか」など教師の枠に到底おさまらない特異な人物であることが推測される。
>
> 「西陣織」の実践を行ったのはまだ20代であることを考えるとその偉大さがクローズアップされる。

図7　第31回の記録

第31回は，Zoomによるオンラインで実施しています。そのため，全国各地から参加していただけるようになりました。この回は，社会科教育史上でも有名な「西陣織」の実践記録を読みました。教材研究をもとに綿密に単元を計画しながらも子どもの追究や学ぶ姿勢を生かし，その当時の西陣織の課題に迫る授業は，「今の授業づくりと何ら変わりない」と強く思いました。著名な実践なので，「西陣織」や実践者「永田時雄」についての論文も多く，それらも紹介して読みました。これ以後，永田時雄氏の著作を読む回を3回ほど実施しました。

【第50回】

「第50回『小学校学習指導要領解説〈社会編〉』を読みこむ会」記録

　～読書編　～

生活科のロマン　中野重人　著（東洋館出版　1996年）

　第1章～2章

日時：6月5日（土）20：00～21：00
場所：自宅

①気づきを言語化すること

　P33に総合学習の実践での問題点として、4つ挙げられている。その中でも「学習と単なる遊びとの区別がつかなくなる」「教師にとって指導目標があいまいになり、指導目標が達成されたかどうかの確認がおろそかになりがち」というのは生活科でもあるのではという話になった。十分な体験は必要であるが、指導目標は明確にもつ必要はあるだろう。生活科は、気づきを言語化することが重要であり、気づきの質を高めていきたい。ただ言語化するプロセスは生活科以外でも丁寧に指導する必要がある。

　対話の中で出てきたのが、例えば理科的な活動になる観察は、観察を通じて、気づいたことを言語化するが、「前よりも葉が大きくなってうれしかった」のように情意面の言語化も大事にしたい。それが、「自分の成長」への気づきにつながる。このように生活科は徹底的に「自分とのかかわり」が大切にされており、「学ぶ主体としての自分」に焦点化されている。それがあってこそその3年生から社会科・理科での「地域」に目が向いていくのだろう。

②地域との関わり

生活科では、地域資源をうまく活用することができるし、活用すべきではないか。学校によってまちまちであろうが、意外と地域の方は協力していただける。３年生にもつながるであろう。

③学習者（学び手）中心

これまで読み込む会で取り上げてきた奈良付属の長岡文雄氏が何度も登場してくる。生活科設立に大きく貢献されたようである。著者の中野重人氏も感銘を受けていることがわかる。これまで読み込む会で読んできているのでわかるのだが、源流は大正自由教育の「児童中心主義」にあるのでは。木下竹次氏「学習原論」であろう。

対話の中でＰ８９木下氏のいう学習に具備すべき４つのポイント

(1)学習を発動的にする　(2)学習を創作的にする　(3)学習を努力的にする　(4)学習を歓喜的にする

（４）の中の「過度の調和的発展を要求しないこと」の解釈をした。いろいろ解釈できるだろうが、やはり「過度」ではないところがポイントだろう。

乱暴な言い方ではあるが、徹底的に子ども目線を大切にし、指導者は教授よりも支援を中心とする教育のあり方は、時代の節目節目で再燃するイメージがある。生活科の設立においても、やはり子どもを大切にし、成長を支える、という根幹が感じられる。これまでも読み込む会で何度もあったが、「これは今でも通じる」「今まさに言われている」ようなことに出合う。こうやって古書を読む良さはそこにあるし、教育界の大きな蓄積を私たちは学ぶ機会が少ないといえるかしれない。

図８　第50回の記録

第50回は社会科ではなく，生活科についての書籍です。ただし，著者の中野重人氏は後に文科省の社会科の調査官になられた方ですし，低学年社会科が廃止され，生活科に変わる過渡期のことについて知ることができる書籍です。学習者の学びを重視されるねらいがあったことなど，まさに現在の状況と重なるところも多いと感じます。

【第60回】

「第60回『小学校学習指導要領解説〈社会編〉』を読みこむ会」記録
  〜読書編 〜
『授業分析の基礎理論〈授業分析の科学〉』重松鷹泰監修／日比裕 著（明治図書 1967）

日時：4月16日（土）20：00〜21：00
場所：自宅

①砂沢グループの授業分析

P48に砂沢喜代次らは、教育認識論の立場から授業分析を行った。その分析手法として授業における教師と生徒の発言を図式化し、構造類型をしている。子どもの発言が授業の中でどうつながっているのか。教師と発問と子どもの発言がどういうつながりあるのか。類型の目的は、用途はいろいろあるだろうが、実践者が授業記録からこのような分析をすることは役立つであろうし、参考になるだろう。ようは授業記録からどう分析するのかということだが、なかなか意識してやっていないことが多い。

②授業分析の視点

P117から授業分析の視点として

- 1．基本的視点
  - （1）ズレ　（2）変化　（3）関連
- 2．総合的視点
  - （1）雰囲気　（2）リズム　（3）間

が示されている。今回の参加者も授業分析を感覚的にやっていることが多いようで、このような分析視点をもつことで、授業記録の見方がかわるだろうし、目的に応じて活用できる。とくに「総合的視点」は、言葉としてよく使うものだが、何をもって判断するのか。特に「雰囲気」は授業において大切な要素だが、それをどう判断するのかは感覚的にやっているので、このような明記は大変参考になる。授業記録などに何らかのかたちで書いてく、ということも可能なのかもしれない

③授業記録

授業記録は、まず自分での文字起こしの作業が大変に労力を要し、働き方改革が推進されている中で同僚の方にお勧めできないこともある。しかし、確実に力がつく。大変価値のあるものだと考えている。ただし、重松氏は、様々な書籍で授業記録する価値のある授業と価値のない授業があると述べている。授業記録をやりながらその基準がわかってくるかもしれないが、作業・技能習得の授業よりも子どもの対話で深めていく授業であるとはいえる。そしてそれをどう分析し、どう活用するのか。それがこの書籍である。しかし、重松氏は膨大な授業分析から、労力が大きいにもかかわらず、得ることがそれに比例するのかという疑問を述べていることもあるようだ。

授業記録は研究授業等でも活用されているが、実は効果的に活用されていることは少ないのではないか。次後研では、授業記録の子どもの発言からの検討よりも、教師の発問等の指導技術や内容面などの教材論などになることが多い。初志の会のように、子ども理解につながる協議会などが必要であろう。また、今後は単元レベルでの授業記録の必要性がある。さらに、授業記録は逐語録だけではなく、自己分析やそれを見ての他者分析なども協議会の参加者全員に役立つだろう。ただ、このご時世である。授業記録とその分析をリアルタイムでやっていくことが可能になるのではないか。またＡＩなどで授業記録が授業後にはできあがっているということも近いうち実現されるであろう。

図9　第60回の記録

第60回は，授業づくりではなく，授業を分析する視点から述べた書籍です。

第2章でも紹介している重松鷹泰氏の書籍です。授業を見る視点として「雰囲気」と明記されているのには驚きました。しかし、「雰囲気」を嗅ぎ取ることは経験を積んでいくと実感として理解できるのではないでしょうか。

　オンラインの読み込む会になってから、常に参加してくださるメンバーも増え、非構成的に対話をしても、話が途切れることなく続くようになりました。授業と同様に話が続けばよいというわけではありませんが、やはり他の方の視点や見解から学ぶことは多いです。そして聞くことによって新たに浮かんでくることがあります。だから話をしたくなります。また、自分の問題意識や問いと結びつく瞬間があります。「このことは○○と同じだ！」のように…。この知識のネットワークが広がる感じがたまりません。このためにやっていると言っても過言ではないほどです。

4 今後の展望

　とにかく、「面白い」と思わなくなるまで続けようと考えています。参加してくださるメンバーの方が日々ブラッシュアップされておられることや、新しい方も参加してくださるので、学び多き時間となっています。「日常の授業に即役立つ」とか「必ず成功する○○の技術」などとは正反対の位置にあるかもしれませんが、書籍を通して対話することにより、授業観や子ども観といった教育活動における根っこの部分（信念やこだわり）に気づいたり、再認識したり、揺さぶられたり、更新したりするきっかけになるのではと思っています。何より古書はこれまでの教育の知見の結集です。先人たちの偉大さに慄きながらも、先行実践を理解することは、教育者にとって重要で大切なことだと考えています。まずは100回開催をめざして継続していきます。

（石元周作）

〈参考文献〉
山口尚（2022）『難しい本を読むためには』筑摩書房

候補書籍一覧

本書執筆にあたって，どの古書を選定するのかも大いに悩んだところです。「これは外してはいけないだろう」「この著者ならこの古書のほうが…」など熟考した末の本書ですが，この際候補に挙がっていた古書を紹介します。何かの参考になれば幸いです。

No	発刊年	書籍名	著者	出版社
1	1923	学習原論	木下竹次	目黒書店
2	1947	学習指導要領社会科編Ⅰ(試案)	文部省	
3	1947	社会科とその出発－小学校社会科の研究－	上田薫	同学社
4	1947	社会科の新構想	柳田國男	成城教育研究所
5	1947	社会科の本質－構成とその運営－	馬場四郎	同学社
6	1949	社會科の原理と技術	斑目文雄	社會科教育研究社
7	1948	社会科の実践	木暮強　染田屋謙相	同学社
8	1948	新教育と社会科	梅根悟	河出書房
9	1949	確かな教育の方法	奈良女高師附属小学校学習研究会	秀英出版
10	1950	農村社会科カリキュラムの実践	今井誉次郎	牧書房
11	1951	農村地域社会学校	石山脩平指導・福澤小学校編	金子書房
12	1955	社会科教育法	重松鷹泰	誠文堂新光社
13	1958	社会科の革命－農村教師の実践記録－	鈴木喜代春	牧書店
14	1958	知られざる教育－抽象への抵抗－	上田薫	黎明書房
15	1959	授業の研究－子どもの思考を育てるために－	重松鷹泰指導・富山市堀川小学校	明治図書出版
16	1961	授業分析の方法	重松鷹泰	明治図書出版
17	1962	授業の改造	富山市立堀川小学校	明治図書出版
18	1965	現代社会の課題にどうせまるか	永田時雄	明治図書出版
19	1965	子どもの思考と社会科指導	社会科の初志をつらぬく会	明治図書出版
20	1967	社会科 よい発問わるい発問	木原健太郎他	明治図書出版
21	1967	教材研究の基礎	重松鷹泰 監修・竹中輝夫	明治図書出版
22	1970	教え子みな吾が師なり	徳永康起	浪速社
23	1970	地理的学習の進め方	日本社会科教育学会	東洋館出版社
24	1973	民衆像に学ぶ－生活と教育の結合をめざす教育実践の記録－	若狭蔵之助	地歴社
25	1974	個を生かす社会の授業	森信男 他	明治図書出版
26	1974	社会科単元比較学習の展開	藤本光編	明治図書出版
27	1975	ひとりを見なおす社会の授業	重松鷹泰指導/小松良成	明治図書出版
28	1975	人間とはなにか・ものをつくる授業	白井春男	太郎次郎社
29	1976	人間の学習としての社会科	元木健	明治図書出版
30	1978	新しい社会科指導法の創造	大森照夫	学習研究社

31	1978	社会科教育の本質と学力	日本民間教育研究団体連絡会	労働旬報社
32	1978	川口港から外港へ	鈴木正気	草土文化
33	1979	社会科理論の批判と創造	谷川彰英	明治図書出版
34	1980	産業学習の基本と実践	古川清行・新見謙太編	東京書籍
35	1978	社会科授業構成の理論と方法	森分孝治	明治図書出版
36	1982	子どもを育てる社会科授業の急所	里野清一	明治図書出版
37	1983	授業の構想力	吉本均	明治図書出版
38	1983	社会科に魅力と迫力を	社会科の初志をつらぬく会 編	明治図書出版
39	1984	学習法の源流　木下竹次の学校経営	長岡文雄	黎明書房
40	1984	「近代」の意味－制度としての学校・工場－	桜井哲夫	NHKブックス
41	1984	地名に学ぶ　身近な歴史をみつめる授業	谷川彰英	黎明書房
42	1985	社会・理科の個別化・個性化教育	加藤幸次・前田光市 編	黎明書房
43	1985	社会科授業をつくる－社会に目を開く教材の発掘－	佐久間勝彦	明治図書出版
44	1986	新社会科教育基本用語辞典	大森照夫編	明治図書出版
45	1987	地域教材で社会科授業をつくる（現代授業論双書）	佐久間勝彦	明治図書出版
46	1988	社会科　よい授業　わるい授業	山田勉　松本健嗣	国土社
47	1988	明治期発問論の研究	豊田久亀	ミネルヴァ書房
48	1988	個を育てる社会科指導	社会科の初志をつらぬく会	黎明書房
49	1989	授業づくりの発想	藤岡信勝	日本書籍
50	1989	「伝統と文化」に学ぶ社会科学習	佐島群巳	東洋館出版社
51	1989	教材発掘フィールドワーク	佐久間勝彦	日本書籍
52	1990	新社会科・学習問題づくりの指導技術	北俊夫	明治図書出版
53	1990	ヒント教材が授業を変える	谷川彰英	明治図書出版
54	1991	社会認識教育論	藤岡信勝	日本書籍
55	1991	小学校産業学習の理論と授業	岩田一彦	東京書籍
56	1991	社会科の授業理論と実際　現代社会科教育実践講座５巻	朝倉隆太郎　編集代表	現代社会科教育実践講座刊行会
57	1991	新しい問題解決学習の授業展開	今谷順重	ミネルヴァ書房
58	1991	社会認識を育てる社会科の創造	教育科学研究会/社会認識と教育部会	国土社
59	1991	小学校歴史学習の理論と実践	星村平和	東京書籍
60	1992	問題解決学習の活力	武藤文夫	黎明書房
61	1992	社会科授業のコツ＆アイデア	漆間浩一	学事出版
62	1994	社会科授業研究の理論	岩田一彦	明治図書出版
63	1994	社会科授業づくりの展開「社会科における発問」	柴田義松 他編	日本書籍
64	1995	オープンエンド化による社会科授業の創造	片上宗二	明治図書出版
65	1998	子どもは歴史をどう学ぶか	宮原武夫	青木書店

おわりに

　本書は，位置づけとして「社会科教材の追究」に続く第2弾ということになります。

　しかし，第2弾というよりは，新たな展開に進化したのではないかと思っています。古書を探り，現在の実践に活かすことは社会科の授業づくりとしては一側面にすぎませんが，あえてそこを追究することにこだわりました。

　本書の他の章でも，何度も言及していますが，古書を探れば探るほど，これまでの教育理論・実践の蓄積に圧倒され，「教育」という知の蓄積に驚愕すると共に自分の「無知」を痛感します。と同時に，だからこそ「知りたい」「探りたい」と知的好奇心がくすぐられ続けるのも確かです。そのような古書の魅力をメンバーで再確認しながら執筆しました。

　しかし，今回の執筆は難航しました。古書の紹介や解説だけなら，類書は数多くあるでしょうし，気軽に取り組めたのかもしれませんが，「その古書の価値は何なのか」「その古書をどう活かしているのか」などは，先行研究や参考文献を数多くあたったり，何度も読み込んだり，自分の実践をメタ的に振り返ったりする必要がありました。何度読み込んでも理解が難しかったり，自分では理解しているつもりでも，メンバーからの問いや質問によって解釈の甘さに気づいたりや，書籍のどこに焦点を絞るのかが定まらなかったり，迷ったりすることが多くありました。

　また，取り上げている書籍は社会科史上，著名な書籍ばかりであり，これまでに多くの分析・解釈がある中で，自分たちがやる意味は何なのかを常に問われているような気持ちでした。メンバーそれぞれの現場がちがう中で，何が活かせるのか，その困惑・葛藤の末に紡ぎ出したものが本書です。大変マニアックで誰に読んでいただけるのかという不安もありますが，書籍の素晴らしさや面白さだけをお伝えするような書籍ではなく，読者の方が古書をどう読み，自分の教育活動にどう活かしていくのかを示唆する内容になった

と自負しています。

　この書籍は第1弾「社会科教材の追究」と同様に「社会科の『教材』を追究する会」のメンバーと執筆しました。前著には宗實氏の視点によるメンバー紹介が掲載されています。今回は編著者の一人として私目線のメンバー紹介をしたいと思います。

　まずは宗實直樹氏。先進的な社会科授業実践者として日本中から注目される存在になられています。多数の著書，ブログやFacebookでの日常的な発信，古書の乱読などそのエネルギーとバイタリティに驚愕させられます。面白いと思ったことには徹底的に追究しつつも，冷静に内省しながら自分を更新されている様子から「反省的実践者」を体現している人だと常々思います。
　ただ，宗實氏はどんなに知名度が上がろうが，セミナーの講師を何度やろうが，根本的な性格はまったく変わりません。だれに対してもオープンで，誠実に接し，礼をつくす様子から，どれほどの学びをもらったことでしょう。
　実は大学生のときにお互いにバンド活動をしており（宗實氏はドラムス，私はベースでした），おそらく大阪の心斎橋にあったライブハウスで対バンをしたことがあったことも妙な縁を感じます（ちなみに宗實氏のバンドは「デラべっぴん8月号」，私のバンドは「プチプチエアーパッキン」でした。どちらもたいがいなバンド名です…）。これからも大いなる刺激をいただくであろう，尊敬する方です。

　次に中村祐哉氏。中村氏との出会いはおそらく宗實氏が勤務する関西学院初等部で開かれていた日本授業UD学会セミナーだったと思います。宗實氏の授業を分析するその語り口が鋭いと共に，温かさが感じられたことを今でも思い出します。
　「社会科の『教材』を追究する会」で執筆するようになり，一気に距離が縮まり，そこから学ばせてもらい続けています。実践的な視点と研究者的な視点の両方を合わせもち，広い視野と熱い思いから繰り出される練り上げられた実践の数々にいつも刺激をいただいています。学術的な面をたくさん教えてくださり，中村氏と論文についてお話をする時間は本当に楽しく，これ

からも継続したいことの一つです。これからどれほど進化されるのか楽しみな尊敬する方です。

　次は近江祐一氏。近江氏との出会いは「社会科の『教材』を追究する会」でご一緒したときからです。年数的には浅いですが，すでに旧知の友人のような存在です。近江氏も最初から現在までの印象はまったく変わらず，物腰が柔らかく誠実な方です。岡山という地域に根差した実践をたくさんおもちで，いつも謙虚な物腰なのですが，いざとなったら突き進んでいかれる行動力もある魅力的な方です。近江氏の周りにはやさしい空気が流れており，子どもたちには好かれていたのだろうなと想像できます。だからこそ，若いのにも関わらず，県の指導主事に抜擢されたのでしょう。多くの教職員をまとめ，今後の教育を方向づけていく存在として，今後は岡山県の教育のために邁進されるであろう，愛すべき尊敬する方です。

　そして佐藤正寿氏。佐藤氏との直接の出会いは山の麓の会主催のセミナーです。冷静沈着で穏やかな口調と模擬授業の面白さが印象に残っています。「社会科の『教材』を追究する会」においては様々な側面からの支援をいただいています。幅広い知見と経験から，執筆メンバーの思考が狭くなったときには広げていただいたり，浅く広がりすぎたときには，焦点化していただいたりと，方向性を示してくださる大きな存在です。個人的にも自分の今後の進路や方向性についてZoomで何度も相談にのっていただきました。お話する度に「今後もがんばろう」と思わせていただている手腕に，やはり「人を育てる専門家だ」と勝手に思っています。何かあれば相談したいと思わせていただいている，生き方や人としての在り方を尊敬している方です。

　最後に北山俊臣氏です。北山氏との出会いは実はけっこう前で，山の麓の会の定例会に来てくださったのが初めてだったと思います。出版社の方が地方の一教育サークルの定例会に来られるというその行動力に驚きました。北山氏がまだ大阪に単身赴任をされていたときの居住地が，私の勤務校の近くだったということも何かのご縁だと勝手に思っています。前回の書籍，今回の書籍に関わってくださり，編集の仕事の難しさや素晴らしさを教えていた

だきました。どんな無理なお願いでも肯定的に考えてくださったり，執筆者とはちがう視点から鋭い意見を言っていただいたりと，編集のプロとしての仕事ぶりに学ばせていただいています。また他の執筆者と同様に謙虚でやさしい方なので，一緒に仕事をさせていただくのがありがたい尊敬する方です。

　構想から書籍への実現には思った以上に時間を要した難産の書籍です。本書がみなさんの日々の教育活動や子ども観・授業観・教育観にほんのわずかでもプラスの影響を及ぼすことができるのならうれしい限りです。
　前回の書籍と同様に，本書を作成するにあたり，多くの方々のご協力を得ました。すべての方々に心より感謝申し上げます。ありがとうございました。

2023年11月

石元周作

執筆者一覧

| 監修 |

佐藤正寿
東北学院大学 文学部教育学科 教授

| 編著 |

宗實直樹
関西学院初等部 教諭

石元周作
大阪市立野田小学校 教頭

| 執筆者 |

中村祐哉
広島県安芸郡 熊野町立熊野第一小学校 教諭
広島大学大学院 人間社会科学研究科 在籍

近江祐一
岡山県教育委員会 岡山教育事務所 指導主事（主任）

（2023年11月現在）

社会科実践の追究

2023（令和5）年11月24日　初版第1刷発行

監　修：佐藤正寿
編著者：宗實直樹、石元周作
著　者：中村祐哉、近江祐一
発行者：錦織圭之介
発行所：株式会社 東洋館出版社
　　　　〒101-0054　東京都千代田区神田錦町2-9-1
　　　　　　　　　　コンフォール安田ビル2階
　　　　代　表　TEL 03-6778-4343　FAX 03-5281-8091
　　　　営業部　TEL 03-6778-7278　FAX 03-5281-8092
　　　　振　替　00180-7-96823
　　　　U R L　URL https://www.toyokan.co.jp

装　幀　國枝達也
印刷・製本　株式会社シナノ

ISBN978-4-491-05287-8　　　　　　　　Printed in Japan